百年党史瞬间

徐中远 著

像毛泽东那样读书

中共中央党校出版社

图书在版编目（CIP）数据

像毛泽东那样读书/徐中远著．--北京：中共中央党校出版社，2020.10（2021.1 重印）

（百年党史瞬间）

ISBN 978-7-5035-6868-8

Ⅰ.①像… Ⅱ.①徐… Ⅲ.①毛泽东（1893—1976）-读书方法 Ⅳ.①A755

中国版本图书馆 CIP 数据核字（2020）第 151909 号

像毛泽东那样读书

XIANG MAOZEDONG NAYANG DUSHU

策划统筹	曾忆梦
责任编辑	曾忆梦　席　鑫
责任印制	陈梦楠
责任校对	李素英
出版发行	中共中央党校出版社
地　　址	北京市海淀区长春桥路 6 号
电　　话	（010）68922815（总编室）　　（010）68922233（发行部）
传　　真	（010）68922814
经　　销	全国新华书店
印　　刷	北京柏力行彩印有限公司
开　　本	700 毫米×1000 毫米　1/16
字　　数	148 千字
印　　张	13.25
版　　次	2020 年 10 月第 1 版　2021 年 1 月第 2 次印刷
定　　价	48.00 元
网　　址	www.dxcbs.net　　邮　箱：zydxcbs2018@163.com
微 信 ID	中共中央党校出版社　新浪微博：@党校出版社

版权所有·侵权必究

如有印装质量问题，请与本社发行部联系调换

序

  读书，是毛泽东成长、成才、成功的一条重要途径。读书，毛泽东是中国共产党人的一座丰碑。

  读书应学毛泽东。

  这是我为毛泽东晚年做图书服务工作的一条最深切的感受，也是毛泽东一生读书生活留给我的一条最深刻的启示。

  我是毛泽东晚年专职图书服务工作人员。因为工作关系，使我有机会熟悉、了解毛泽东晚年的读书生活和具体的读书情况。毛泽东1976年9月9日逝世之后，我与几个有关的同志一起整理毛主席在中南海游泳池住地和丰泽园故居里存放的全部图书资料，直到1987年年底全部工作任务完成之后，组织上才安排我做其他工作。如果说，在毛泽东生前做服务工作过程中对其读书生活有所了解的话，在逝世之后的这十一年整理登记工作过程中了解的就更多、更具体了。毛泽东不仅读书的范围广、种类多，而且读书过程中写下的批注文字、圈画的符号也很多。据我当年的统计，毛泽东生前在中南海存放的图书约有10万册，写有批注文字、圈画符号的就有500余种，4000多册。翻阅毛泽东生前阅读的一册册图书，看到毛泽东在书上写下的诸多批注文字和圈画的种种符号，我的脑海里总会浮现出那个已过古稀之年的老人天天还在不知疲倦、全神贯注、用心读书、用心追求的情景。

毛泽东在青少年时代就很爱读"有字之书"和"天下国家万事万物无字之书"。后来走上革命道路之后，无论是在戎马倥偬的战争岁月，还是新中国成立之后在社会主义建设事业日理万机的领导工作过程中，毛泽东一直高度重视读书，并坚持每天都要读书。特别是在他生命的最后几年，在多种疾病缠身的岁月里，每天还夜以继日、不知疲倦地读马列著作、读"二十四史"、读鲁迅著作、读政治、读经济、读文学、读种种社会科学著作和各种自然科学著作。病重期间不顾医嘱他还天天带病坚持读书。两腿肿得不能站立、不能走路了，两脚肿得穿不进鞋子了，每天仍坐在沙发上、躺在床上还要读书。因患老年性白内障两眼不能看书了，每天还要让身边的工作人员给他读书。直到他心脏停止跳动前几个小时，已经无力说话了，还示意工作人员给他读书。此时此景，感人至深，令人难忘，令人景仰，古今罕见！

毛泽东的一生是执着追求的一生，是全心全意为人民谋利造福的一生，也是读书学习的一生。毛泽东渊博的知识，卓越的才能，深邃的思想，一是来源于实践；二是来源于读书；三是来源于人民群众。毛泽东非常重视书本知识，非常重视实际知识，也非常重视向广大人民群众学习。他在繁忙的工作之余总是挤出时间深入到工厂、农村等广大人民群众中去。广袤的实践天地，艰难曲折的革命斗争，浩瀚的书籍海洋，亿万的人民群众，把这位从湖南韶山走出来的普通农民的儿子培育、磨炼、打造成为伟大的马克思主义者和无产阶级革命家、战略家、理论家，成为全党和全国各族人民的伟大领袖。人民敬仰毛泽东，全党爱戴毛泽东。毛泽东的丰功伟绩，毛泽东的历史地位，毛泽东的杰出才华，是毛泽东与他的战友们一起领导中国人民几十年革命斗争和社会主义建设事业的实践书写出来的。它已经载入中国共产党领导中国各族人民进行新民主主义革命斗争和社会主义建设道路探索的史册。

　　古今中外，凡是高深造诣之人，通常都爱读书。读书是成功人士的阶梯，读书是有抱负人士成长成才的必经之路。读书，贵在持之以恒。俗话说，台上十分钟，台下十年功。知识、艺术、才能、魄力、水平、造诣等皆如此。毛泽东博学的知识，高超的领导才能，高瞻远瞩的政治远见，文韬武略兼备，运筹帷幄，用兵如神，文采超人，智慧过人，都非是一蹴而就，都非是一日的功夫。这些都是他长年累月读书学习、勤奋潜心钻研的结果。一本《共产党宣言》放在案头、床头57年。57年里一遍一遍带着问题去请教、去钻研、去思考、去应用。这部马克思主义经典著作，不知被毛泽东生前反复读过多少次，书中的许多精辟论断，他几乎全能背下来。一部"二十四史"从 1952 年购置以后一直放在身旁，24 年朝夕相伴，24 年读而不厌。这部长达 4700 多万字的中华史籍他不仅通读，而且书中的许多传记都反复读过多遍。据我当年的记录，毛主席读"二十四史"写有批注文字一共有 15 种史，198 余条，3583 余个字，最多的一条批注写了 914 个字。书中许多的人物传记都作了圈画，许多篇章的文字旁圈画得密密麻麻。一部《鲁迅全集》从延安带到北京中南海，38 年书随人走，人到哪里把书就"带到哪里，读到哪里"。无论在革命战争年代，还是在社会主义建设事业中，毛泽东日常工作生活的地方最多的东西就是书。在中南海游泳池住地的办公室里、会客室里、卧室床上、吃饭桌旁，甚至卫生间里，到处放着书。他睡觉的木板床上大半边放满了书，只留下一个人睡觉的地方。毛泽东在中南海日常生活、办公、会客、休息的地方就像书的海洋，到处放着他爱读的、看过一遍又一遍的书。在耄耋之年，在身患多种疾病的情况下，他还以惊人的毅力坚持天天读书。

读书重在密切联系实际。在实际运用中增长知识、提高本领。这是毛泽东读书实践给我们留下的一条重要启示。读马列主义理论著作是这样，读历史、读鲁迅著作、读文学、读自然科学等也都是这样。他总是紧密结合实际。

毛泽东一贯主张"从天下国家万事万物而学之"，即读"无字的书"，向社会、向自然界、向万事万物学习。毛泽东的读书理念，在他青年时代的头脑里就已经萌生了。1914年，他在湖南第一师范读书笔记中写道："闭门求学，其学无用。欲从天下国家万事万物而学之，则汗漫九垓，遍游四宇尚已。"他经常走进工农群众之中深入实际，他把社会实际和奇妙无穷的自然界作为学无止境的人生大课堂。

中国共产党是一向高度重视读书学习的政党。中国共产党是在读书中成立、成长起来的。在读书中实践，在实践中读书，在读书实践中前进发展壮大，在读书实践中走到现在，还要靠读书实践走向未来。每当重要的历史关头，我们党总是强调读书学习。在习近平新时代中国特色社会主义思想指引下，全党、全国各族人民已经阔步迈进中国特色社会主义新时代。新时代、新任务、新实际、新要求，习近平总书记强调指出："好学才能上进。中国共产党人依靠学习走到今天，也必然要依靠学习走向未来。我们的干部要上进，我们的党要上进，我们的国家要上进，我们的民族要上进，就必须大兴学习之风，坚持学习、学习、再学习，坚持实践、实践、再实践。全党同志特别是各级领导干部都要有加强学习的紧迫感，都要一刻不停地增强本领。"[①]

为了更好地宣传毛泽东、学习毛泽东，全面贯彻落实好习近平总书记关于读书学习的一系列重要讲话精神，在全党、全国各族人民中"大兴学习之风"，进一步营造读书学习氛围，开创全党全国读书学习新氛围，推进中国特

---

① 人民网—《人民日报》2013年3月2日。

色社会主义事业蓬勃发展，实现中华民族伟大复兴的中国梦，我撰写了《像毛泽东那样读书》。

《像毛泽东那样读书》主要从十个方面阐述、介绍学习毛泽东读书。对毛泽东为什么终身不懈读书，毛泽东一生爱读什么书、读了些什么书，毛泽东是怎样读书的，毛泽东读书的主要方法及其勤奋刻苦的读书精神等，本书都作了具体的阐述与介绍。阅读本书，广大读者不仅能更多地了解毛泽东的读书生活实际，而且还能学习毛泽东的读书理念和读书方法，学习毛泽东勤奋刻苦的读书精神。从而从中得到启示，开阔视野，拓宽思路，促进、改进自己的读书生活，为实现中华民族伟大复兴的中国梦多读书，善读书，读好书，多做实事，多做好事，多做成事。

为什么毛泽东一生对读书学习充满浓厚的兴趣，很多书他为什么一生都在读，为什么毛泽东读书读得多、记得住、用得上，为什么毛泽东生命不息，读书不止等，读者都能从阅读本书中找到答案，找到真谛。

愿本书的出版能引领你"多读书、读好书、善读书"！

愿本书的出版能帮助你增强信心，增强紧迫感，增强读书的自觉性！

愿本书的出版能开启你读书学习的新境界、新征程、新追求！谱写出你的读书学习新篇章！

徐中远

2018年12月26日

目　　录

一 学毛泽东"为什么读书" ································ 1

（一）青年时代读书是为了改变剥削制度，拯救民族
　　　危难，是为了追求真理，实现远大志向 ············· 1

（二）延安时期读马列、读大量哲学著作是为了总结
　　　写出指导中国革命斗争新的理论，引领中国
　　　革命事业不断取得新的胜利 ························ 4

（三）新中国成立之后，读马列经济学方面的著作
　　　等，其主要目的"使自己获得一个清醒的
　　　头脑，以利指导我们伟大的经济工作" ············· 5

（四）读自然科学、科学技术书籍是为了学习掌握
　　　新的理论，是为了更好地认识客观世界，更好
　　　地推动我国科学技术的发展 ························ 8

（五）读"二十四史"和各种史籍是为了从历史中寻
　　　求、汲取治理国家的有益元素为现实工作和
　　　社会主义建设事业服务，为了"古为今用" ········ 10

二 学毛泽东博览群书 ···································· 16

（一）"博览群书"是毛泽东一生一贯的主张 ············· 16

（二）"博览群书"是毛泽东一生都在竭力坚持的实践 ······ 18

1. 毛泽东在青少年时代就读了很多的书……………… 18
2. 毛泽东在延安时期下苦功夫读了许多马列著作
   和哲学方面的书及其他方面的书籍……………… 19
3. 毛泽东在新中国成立之后带头读马列政治经济
   学著作和其他多种著作…………………………… 21
4. 对读自然科学的书一生充满浓厚兴趣…………… 23
5. 毛泽东是一个真正"博览群书"的人……………… 28

三 学毛泽东密切联系实际读书……………………… 31
（一）毛泽东一贯重视并反复强调读书学习要联系
   实际………………………………………………… 31
（二）毛泽东青年时代在湖南求学时是怎样密切联
   系实际读《伦理学原理》的……………………… 34
（三）延安岁月，毛泽东是怎样密切联系实际读
   马列主义哲学著作的……………………………… 37
（四）新中国成立初期是怎样密切联系实际读苏联
   《政治经济学教科书》社会主义部分的………… 42
（五）毛泽东是怎样密切联系实际读"二十四史"的…… 55

四 学毛泽东"不动笔墨不看书"……………………… 63
（一）牢记徐特立老师的教诲，并践行于自己一生
   的读书生活实践中………………………………… 63
（二）走上革命道路，担任领导岗位之后，毛泽东
   主张读书学习"要写笔记"………………………… 66
（三）早年读《伦理学原理》作批注、圈画简单情况……… 68

（四）在延安岁月里读《辩证法唯物论教程》等哲学
　　　 书的批注、圈画简单情况 …………………………… 70
　（五）圈画最多的是读辛弃疾的词作 …………………… 72

五 学毛泽东"多视角"读书 ………………………………… 78
　（一）从阶级斗争的视角读《红楼梦》…………………… 79
　（二）从反面教材的视角读《水浒传》…………………… 82
　（三）从战争谋略和策略的视角读《三国演义》………… 85
　（四）从政治的视角读《西游记》………………………… 90
　（五）从清朝历史的视角读《聊斋志异》………………… 92

六 学毛泽东有"选择"有"重点"的读书 ………………… 99
　（一）什么是有"选择"有"重点"的读书？ ……………… 99
　（二）有"选择"读书的一些情况 ……………………… 101
　（三）有"重点"读书的一些情况 ……………………… 102
　　　1. 从读《共产党宣言》谈起 ……………………… 102
　　　2. 读《一种清醒的作法》………………………… 110
　　　3. 一部"二十四史"手不释卷读了24年 ………… 126

七 学毛泽东的"为学之道" ……………………………… 136
　（一）毛泽东"为学之道"的含义 ……………………… 136
　（二）"先博而后约" …………………………………… 138
　（三）"先中而后西" …………………………………… 142
　（四）"先普通而后专门" ……………………………… 144

3

八 学毛泽东读书不唯书，不尽信书，总是独立思考，
　　辩证分析的境界和品质 …………………………………… 148
（一）关于对《三国演义》和《三国志》中一些人物、
　　　事件的评价和看法 ………………………………… 149
　　1. 对诸葛亮的评价 ……………………………………… 149
　　2. 对刘备的评价 ………………………………………… 150
　　3. 对《三国演义》与《三国志》的评价 …………… 151
　　4. 不赞成卢弼对曹操的看法和评价 ………………… 152
　　5. 对刘表和曹操对待俘虏不同做法的看法 ………… 154
　　6. 对卢弼一段注释文字写下的一条批语 …………… 155
　　7. 为曹操翻案，肯定曹操的历史功绩 ……………… 155
　　8. 毛泽东认为，曹操不仅是一位战功卓著的政治家、
　　　 军事家，而且还是我国文学史上一位著名的诗人 …… 156
（二）关于读《古文辞类纂》写下的三条批语 ………… 159
（三）多读书、广读书，在书山学海里调查研究 ……… 161

九 学毛泽东"贵有恒""下苦功"、"挤"和"钻"的读书
　　毅力和勤奋刻苦读书精神 ……………………………… 165
（一）"贵有恒""要振作精神，"下苦功"、要"挤"
　　　和"钻"是毛泽东一贯的读书主张 ……………… 165
　　1. 主张读书学习要持之以恒 …………………………… 165
　　2. 主张读书学习"要振作精神，下苦功学习" …… 165
　　3. 主张读书学习要"挤"和"钻" …………………… 166
（二）对于读书，毛泽东自己一直就是这样做的 ……… 167
　　1. 行军、转移途中不忘读书学习 …………………… 167

  2. "饭可以少吃，觉也可以少睡，书可不能少读啊！" … 169
  3. 人书相伴，人到哪里，书就读到哪里 …………… 171
  4. "把工作之外的剩余时间"几乎都用来读书 ……… 173
  5. 在生命最后的岁月里对待读书的态度 …………… 175

十 学毛泽东读天下万事万物"无字之书" …………… 177
 （一）一生中读了"有字之书"和"无字之书"
    两部大书 ………………………………………… 177
 （二）重视调查研究，重视读"无字之书" ………… 179
 （三）一生心系读母亲河——长江、黄河"无字之书" …… 186

后　　记 ……………………………………………………… 190

一 学毛泽东"为什么读书"

为什么读书？这是读书的首要问题，也是能不能自觉读书、能不能坚持不懈读书、能不能持久深入读书的根本问题。

毛泽东"为什么读书"，而且为此终身不懈读书呢？

毛泽东一生对读书充满浓厚的兴趣，一生酷爱读书，一生废寝忘食、孜孜不倦地读书。他之所以能做到这样，就是因为他从思想认识上、从心理追求上、从成长成才成功的实际需要上，都很明白、很清楚"为什么读书"。所以，他把读书作为自己一生自觉自愿的行动，作为人生一种从不懈怠的生活实践和人生追求。

学习毛泽东读书，笔者认为，首先应当学习毛泽东"为什么读书"。

毛泽东"为什么读书"？要说明白、说清楚这个问题，我们还是先来看看几个不同历史时期，毛泽东是"为什么读书"的。

（一）青年时代读书是为了改变剥削制度，拯救民族危难，是为了追求真理，实现远大志向

毛泽东从小就很爱读书，善于思考。

1912年春，毛泽东以第一名的优异成绩考取了著名的湖南

省立高等中学（后改名为省立第一中学）。半年后他就离开了湖南省立一中，到湘乡会馆（依托湖南图书馆）自学读书。在这里他如鱼得水，在知识的海洋里遨游。每天图书馆一开门，他总是第一个进门。中午买两个烧饼充饥，直到图书馆关门，才最后一个出来。他自己曾回忆说，看到图书馆书架上放满的图书，他一本接一本不停地读。如同牛跑进了菜园子，看到到处是新鲜的青菜，一个劲地吃，吃也吃不完。这个时候，他读书的兴趣已不再是《三国演义》《水浒传》等小说了，而是18、19世纪西方资产阶级民主主义和近代科学的著作，如卢梭的《民约论》、达尔文的《物种起源》、亚当·斯密的《原富》、孟德斯鸠的《法意》、赫胥黎的《天演论》等，通过研读这些书，他比较集中地接受了一次西方近代思想文化的启蒙教育。特别是他每天都能见到的图书馆墙上挂着的那张《世界坤舆大地图》，更使他开阔了眼界，受到了启迪，增长了见识。通过这张地图，他知道了世界之大。由此，他联想起很多，韶山的劳动人民生活苦，湘潭的劳动人民生活苦，湖南的劳动人民生活也很苦，那么全中国、全世界的劳动人民又何尝不是如此呢？这种大多数人受苦、少数人享受的现象，是绝对不合理的，应当彻底改造！这就是青年毛泽东从读书中受到的启示。从此看出，毛泽东从青年时代就有忧国忧民，放眼世界，决心拯救全中国乃至全世界受苦受难的人民的远大抱负和志向了。

  1910年秋天，毛泽东17岁离开家乡韶山，走向外面更广阔的天地。临行前，他怀着非常激动的心情写下一首诗夹在他父亲每天必看的账簿里，以作告别。这首诗是这样写的：

> 孩儿立志出乡关，学不成名誓不还。
> 埋骨何须桑梓地，人生无处不青山。

毛泽东用此诗以表达自己一心求学、胸怀祖国、面向未来的崇高志向、决心和追求。

毛泽东在青少年时期读书与追求的实践表明，他在青年时期就立下拯救民族于危难的远大志向。1919年（26岁时），毛泽东在《〈湘江评论〉创刊宣言》中写道："时机到了！世界的大潮卷得更急了！洞庭湖的闸门动了，且开了！浩浩荡荡的新思潮业已奔腾澎湃于湘江两岸了！顺他的生，逆他的死。"年轻的毛泽东，"书生意气，挥斥方遒。指点江山，激扬文字"，既有"问苍茫大地，谁主沉浮"的仰天长问，又有"到中流击水，浪遏飞舟"的浩然壮气。毛泽东青年时期就形成的追求真理、拯救中华民族危难的远大志向，不是头脑里固有的而是在读了马克思、恩格斯的著作《共产党宣言》之后逐步形成的。《共产党宣言》是毛泽东读的第一本马列主义著作，时间是1920年。后来的56年里，对这本马克思主义的经典著作，毛泽东不知反复读过多少次，这本书中的许多精辟论断，他几乎全能背下来。《共产党宣言》是毛泽东一生最爱读的，也读很多遍的一本马列主义经典著作。正是这本马克思主义的划时代著作，成了毛泽东选择科学社会主义的入门向导，使毛泽东树立了对共产主义的终身信仰。他曾说，读了《共产党宣言》这本书，"我才知道人类自有史以来就有阶级斗争，阶级斗争是社会发展的原动力，初步地得到认识问题的方法论。可是这些书上，并没有中国的湖南、湖北，也没有中国的蒋介石和陈独秀。我只取了它四个字:'阶级斗争',老老实实地来开始研究实际的阶级斗争。"①后来,毛泽东自己回忆说:正是《共产党宣言》这部马克思主义著作,"使我树立起马克思主义的信仰。我接受马克思主义,认为它是对历史的正确解释,以后,就一直没有动摇过"②。从此,毛泽东就开始了对真理漫漫的执着追求。

(二)延安时期读马列、读大量哲学著作是为了总结写出指导中国革命斗争新的理论,引领中国革命事业不断取得新的胜利

万里长征大转移来到陕北延安,毛泽东在陕北13年。在延安时期,毛泽东为什么夜以继日、伏案苦读大量的马列主义著作和哲学书?是因为中国共产党领导全国人民的革命斗争需要新的革命理论指导,照搬当时共产国际、苏联的一套理论不符合当时中国社会的实际,一些教条主义者主张照搬照套,使中国人民的革命斗争遭受巨大损失。新的实践需要新的理论指导。所以,毛泽东在延安日以继夜地读马列著作,读哲学著作。毛泽东说,我们在第二次国内革命战争末期和抗战初期写了《实践论》和《矛盾论》,这些都是适应于当时的需要的。

很显然,毛泽东在延安时期读了大量的有关马列、哲学等书,目的就是总结写出符合中国革命斗争新的实际需要的新的理论。毛泽东在勤奋刻苦大量读书的基础上密切联系中国革命

---

① 《毛泽东农村调查文集》,人民出版社1982年版,第22页。
② 《毛泽东一九三六年同斯诺的谈话》,人民出版社1979年版。

斗争新的实际写出的《论联合政府》《实践论》《矛盾论》《新民主主义论》等光辉的著作就是这一时期最新的理论成果。这些新的理论成果对统一全党全国人民的思想和行动、对动员组织全党全国人民打败日本帝国主义和战胜国民党反动派、指导中国人民革命斗争取得新的胜利等，都产生了巨大的指导和引领作用。

毛泽东在延安时期为什么如此发愤攻读马列著作和中外哲学著作呢？郭化若同志在《毛主席抗战初期光辉的哲学活动》一文中说道："在红军由游击战发展到运动战初期，有一位王明路线的积极拥护者一进江西，就在反'围剿'问题上和毛主席争论。第二次反'围剿'横扫七百里的辉煌胜利，本已证明他是错了的，然而他不但不认错，还给毛主席送上一顶'狭隘经验论'的大帽子。毛主席后来偶然提到说：'我因此，到延安就发愤读书'。"毛泽东说，马克思主义有几门学问，但基础的东西是马克思主义哲学。我们应该把学习哲学作为把革命和建设推向前进的一件不可忽视的大事。毛泽东的言传身教，对延安时期推动广大干部学习和钻研马克思主义哲学产生了深远的影响。

（三）新中国成立之后，读马列经济学方面的著作等，其主要目的"使自己获得一个清醒的头脑，以利指导我们伟大的经济工作"

新中国成立之后，随着党的工作重心的转移，毛泽东的读书重点移到马列主义经济学经典著作上来了。这段时间他先后阅读过的马列主义经济学方面的著作有：《哥达纲领批判》《政治经济学批判》《经济学大纲》《资本论》《帝国主义是资本主义的最高阶段》《列宁有关政治经济学论文十三篇》《马恩列斯论共产主义社会》《苏联社会主义经济问题》《俄国资本主义的发展》等。读得最多、下功夫最多的是《苏联社会主义经济问题》和苏联《政治经济学教科书》社会主义部分。阅读这些经济学著作，就是为了解决我国社会主义建设实践中遇到的诸多实际问题，就是为了探索社会主义建设的道路，就是为了更好地带领全国各族人民沿着社会主义康庄大道奋勇向前等。新中国成立初期，摆在中国共产党人面前的种种实际困难和具体的实际问题很多。如何解决这些困难和众多的矛盾？毛泽东此时带领各级党组和广大共产党员读斯大林著的《苏联社会主义经济问题》和苏联《政治经济学教科书》社会主义部分，《马恩列斯论共产主义社会》，拟从这几部著作中找到答案，找到启示，找到解决问题的途径和办法。这一段时间，毛泽东"为什么读书"？我们从1958年11月9日，毛泽东亲自写给中央、省市自治区、地、县四级党委委员的信中也可以看得很清楚。他在信中写道：

> 不为别的，单为一件事：向同志们建议读两本书。一本，斯大林著《苏联社会主义经济问题》；一本，《马恩列斯论共产主义社会》。每人每本用心读三遍，随读随想，加以分析，哪些是正确的；哪些说得不正确，或者不大正确，或者模糊影响，作者对于所要说的问题，在某些点上，自己并不甚清楚。读时，三五

个人为一组，逐章逐节加以讨论，有两至三个月，也就可能读通了。要联系中国社会主义经济革命和经济建设去读这两本书，使自己获得一个清醒的头脑，以利指导我们伟大的经济工作。……

为此目的，我建议你们读这两本书。将来有时间，可以再读一本，就是苏联同志们编的那本《政治经济学教科书》。乡级同志如有兴趣，也可以读。①

毛泽东建议四级党委委员读这两本书，目的很清楚，就是为了"使自己获得一个清醒的头脑，以利指导我们伟大的经济工作"。

直到1961年6月12日上午，毛泽东在中央工作会议结束时的讲话中又建议大家再读一读斯大林的《苏联社会主义经济问题》。他说：这本书只有极少数个别问题有毛病，我最近又看了三遍。他讲客观规律，把社会科学的这种客观真理，同自然科学的客观真理并提，你违反了它，就一定要受惩罚。我们就是受了惩罚，最近三年受了大惩罚。

对《苏联社会主义经济问题》一书，毛泽东在这里说"我最近又看了三遍"。本书从1953年中文版出版特别是从1958年以来，他又多次强调，号召大家读这本书。这次他说"又看了三遍"，他看过的版本至少有四种，在多种会上还与大家一起读，一起讨论。由此可见，毛泽东当年读此类书下了很大功夫。

---

① 《毛泽东文集》第7卷，人民出版社1999年版，第432—433页。

（四）读自然科学、科学技术书籍是为了学习掌握新的理论，是为了更好地认识客观世界，更好地推动我国科学技术的发展

毛泽东对自然科学、科学技术等方面的书的学习和钻研，融贯他的一生。

自然科学、科学技术等方面的书如烟海，典籍繁多。作为一个立志改造世界、建设新中国的伟大领袖，毛泽东一生都在注意尽可能地挤出更多的时间阅读各种自然科学著作，或从各种书刊中了解一些世界自然科学的发展及其学术思想的大概。

中华人民共和国成立后，我国工农业生产经过恢复走向发展。20世纪50年代和60年代，毛泽东亲自主持制定国民经济发展的五年计划、全国农业发展纲要、十二年科学发展规划等。为了做好这些工作，毛泽东常常通宵达旦学习阅读农业、土壤、机械、物理、化学、水文、气象等自然科学方面的书。他不仅自己这样做，而且要求全党的同志这样做。

1962年，毛泽东在"七千人大会"上说过："拿我来讲，经济建设工作中间的许多问题，还不懂得。工业、商业，我就不大懂。对于农业，我还懂一点。但是也只是比较地懂得，还是懂得不多。要较多地懂得农业，还要懂得土壤学、植物学、作物栽培学、农业化学、农业机械，等等；还要懂得农业内部的各个分业部门，例如粮、棉、油、麻、丝、茶、糖、菜、烟、果、药、杂，等等；还有畜牧业，还有林业。我是相信苏联威廉斯土壤学的，在威廉斯的土壤学著作里，主张农、林、牧三结合。我认为必须要有这种三结合，否则对于农业不利。所有这些农业生产方面的问题，我劝同志们，在工作之暇，认真研究一下，我也还想研究一点。但是到现时为止，在这些方面，我的知识很少。我注意得较多的是制度方面的问题，生产关系方面的问题。至于生产力方面，我的知识很少。"①

1963年12月，聂荣臻等向毛泽东汇报新的十年科学技术规划的时候，毛泽东说了两段极重要的话："科学技术这一仗，一定要打，而且必须打好。过去我们打的是上层建筑的仗，是建立人民政权、人民军队。建立这些上层建筑干什么呢？就是要搞生产。搞上层建筑、搞生产关系的目的就是解放生产力。现在生产关系是改变了，就要提高生产力。不搞科学技术，生产力无法提高。""科学研究有实用的，还有理论的。要加强理论研究，要有专人搞，不搞理论是不行的。"②

毛泽东虽然不是一位专门从事自然科学、技术科学研究的专家，但他却是一位对自然科学研究、技术科学研究有着浓厚的兴趣，并予以高度重视的伟大领导人。他一生都在尽可能地从繁忙的工作中挤出时间来学习和了解自然科学、技术科学的发展情况。延安时期如此，进城以后的时期如此，直到逝世前几年，视力很差了，全身患病了，卧床不起了，每天他还非常用心地阅读一些印成大字的自然科学书刊，如达尔文的《物种起源》、杨振宁的《基本粒子发现简史》，《动物学杂志》、《化石》杂志、《自然辩证法》杂志、《科学大众》等。直到1976

---

① 《毛泽东文集》第8卷，人民出版社1999年版，第302—303页。
② 《毛泽东文集》第8卷，人民出版社1999年版，第351页。

年,在他生命垂危的最后岁月,他还在读由英国人李约瑟著的多卷本《中国科学技术史》。

中华人民共和国成立之后,我国自然科学、技术科学的飞速发展,科学技术领域不断取得新的成就,这与毛泽东的重视与正确引导是分不开的。在毛泽东的正确领导、重视和支持下,我国自然科学、技术科学的研究水平都在不断地进步,不断地提高。

(五)读"二十四史"和各种史籍是为了从历史中寻求、汲取治理国家的有益元素为现实工作和社会主义建设事业服务,为了"古为今用"

毛泽东在青年时代没有出国留学。当年他的同代人中有不少人出国求学了,他的同学中也有劝毛泽东出国磨砺,如新民学会会友罗学瓒在给毛泽东的信中说:"惟弟甚愿兄求大成就,即此刻宜出洋求学。若少迟延,时光既过,人事日多,恐难有多时日求学矣。……润之兄啊!你是一个有志的人,是我们同伴中所钦佩的人,你如何带一个头,学他十年八载。异日回国,……各抒所学以问世,发为言论作社会之唤醒提倡者。"其言辞之恳切,期望之宏大,甚是感人。

但毛泽东最终还是留在了国内。他为什么要留下来呢?当时,他认为留在国内探索有以下三点好处:

(1)"看译本较原本快速得多",利于在"较短的时间求到较多的知识。"

(2)"世界文明分东西两流,东方文明在世界文明内,要占个半壁的地位。然东方文明可以说就是中国文明,有人似应先研究吾国古今学说制度的大要,再到西洋留学才有可资比较的东西。"

(3)"吾人如果要在现今的世界稍微尽一点力,当然脱不开'中国'这个地盘。关于这地盘内的情形,似不可不加以实地的调查,及研究。这层功夫,如果留在出洋回来的时候做,因人事及生活的关系,恐怕有些困难。不如在现在做了。"①

在另一处,毛泽东还说过:"我觉得关于自己的国家,我所知道的还太少,假使我把时间花费在本国,则对本国更为有利。"②

毛泽东没有走出国门,壮游世界。相反,当许多人都在国外住洋房,吃面包时,他却走向了中国的穷乡僻壤,走向了社会的最底层,住茅屋,吃南瓜。通过调查了解中国社会问题和劳动人民的生活状况,从读"无字之书"中获得了丰富的中华民族的社会历史知识。

毛泽东青年时期的这些想法、看法、做法,特别是他的"似应先研究吾国古今学说制度的大要"的主张,这与他后来下功夫读"二十四史"是密切联系的。前者是因,后者是果。毛泽东晚年还那样不分昼夜地读"二十四史",最主要地还是为了

---

① 《毛泽东早期文稿》湖南出版社1990年版,第474页。
② 《新民学会资料》,人民出版社1980年版,第399页。

更好地、更深入地了解中国"古今学说制度的大要",就是为了对自己的国家知道得更多一些。"二十四史"就是了解我国"古今学说制度的大要"的最好的、最完整的知识宝典。

毛泽东下苦功读"二十四史",就是为了了解中国历史,了解中国几千年的文明史,了解中国"古今学说制度的大要"。了解中国"古今学说制度的大要"只是毛泽东读史的目的之一。毛泽东读史最主要的目的,是借鉴历史,从历史中寻求、汲取治理国家的智慧、方略、启示、经验、教训,让其更好地为现实工作和社会主义建设事业服务。学习研究中国历史、包括学习研究"二十四史",了解把握"古今学说制度的大要",最重要的目的是要为今天的实际工作和社会主义建设事业服务。鉴往知来,是为了治国安邦。学习了解中国几千年的文化遗产,有批判地继承和发展我们民族的文化遗产的精华,汲取对今天、明天、政治、经济、科学、文化等建设和发展有益的东西,让其更好地为现实斗争和社会主义建设事业服务,这是毛泽东酷爱历史,孜孜不倦地学习研究"二十四史"一贯的主张。

1939年5月20日,毛泽东在延安在职干部教育动员大会上的讲话中就强调指出:"学习我们的历史遗产,用马克思主义的方法给以批判的总结,是我们学习的另一任务。我们这个民族有数千年的历史,有它的特点,有它的许多珍贵品。对于这些,我们还是小学生。今天的中国是历史的中国的一个发展;我们是马克思主义的历史主义者,我们不应当割断历史。从孔夫子到孙中山,我们应当给以总结,继承这一份珍贵的遗产。"

1960年12月24日,毛泽东在会见古巴妇女代表团和厄瓜多尔文化代表团时的谈话中对中国文化遗产的科学态度又一次作了很好的阐明。他说:"对中国的文化遗产,应当充分地利用,批判地利用。中国几千年的文化,主要是封建时代的文化,但并不全是封建主义的东西,有人民的东西,有反封建的东西。要把封建主义的东西和非封建主义的东西区分开来。封建主义的东西也不全是坏的。我们要注意区别封建主义发生、发展和灭亡不同时期的东西。当封建主义还处在发生和发展的时候,他有很多东西还是不错的。反封建主义的文化也不是全部可以无批判地利用的。封建时代的民间作品,也多少都还带有封建统治阶级的影响。"

"我们应当善于进行分析,应当批判地利用封建主义的文化,而不能不批判地加以利用。反封建主义的文化当然要比封建主义的好,但也要有批判、有区别地加以利用。我所了解的是这样,我们现在的方针是这样。至于充分利用文化遗产,我们现在还没有做到。中国古典著作多得很,现在是分门别类地在整理,用现代科学观点逐步整理出来,重新出版。"

"对中国的文化遗产,应当充分地利用,批判地利用。"这样的主旨是毛泽东晚年读"二十四史"的内在主要的内因。他老人家晚年不仅下了很大功夫读"二十四史",而且还下了很多功夫读《资治通鉴》《续资治通鉴》《纲鉴易知录》《通鉴纪事本末》《续通鉴纪事本末》等多种中国历史典籍。

尽管毛泽东晚年在探索社会主义建设的实践中,遇到了很多困难,使他的人生追求、国家民族的追求走了曲折的路:困难重重、艰苦的探索,年老体弱多病的身躯,并没有挫伤或损害他对真理、对远大志向的追求。改造旧中国,建设社会主义新中国,探索中国特色社会主义建设道路,造福全世界、全人类的宏伟目标依然激励着毛泽东从书本中、从实践中、从群众中去探索、去思考、去找答案、找智慧、找办法、找良策。这是他的逻辑信念，这是他的心理企盼。这就是毛泽东为什么一生不懈读书的真谛。

毛泽东是一个非常自信的人，是一个从不服输的人，是一个意志非常坚强的人。在他生命的最后岁月，面对国际、国内错综复杂、千变万化的客观环境，在党和国家十分危难的时刻，在多种病魔缠身的日子里，他老人家每天毅然不停地在书海中遨游，在学海中采撷，不停地思考，不停地追求，毛泽东毅然统帅中国这艘伟大的航船乘风破浪，不停地朝着远大的目标艰难前进。这是毛泽东晚年为什么每天还不停地、无休止地读书的一个最主要的目的，也是他每天不停地、无休止地读书的内在的主要动力。

从毛泽东一生的读书生活实践中，我们可以清楚地看到，毛泽东一生发愤读书，不知疲倦地读书就是为了实现他的拯救民族危难、造福广大劳苦大众和建设富裕强大的社会主义新中国的崇高理想、远大抱负、人生追求，这是他发愤读书的总的目的。正因为他有这样明确的目的，所以，他读书有信心、有恒心，有用之不竭的动力。与此同时，他在不同的历史时期，不同的社会前进发展阶段，面对阻碍中国人民革命斗争胜利发展的种种思想理论问题和种种实际问题，他还有各自具体的需求、具体的目的。根据具体的需求，具体的目的，来选定读书的内容和读书的方法。

毛泽东"为什么读书"融入他一生的读书生活实际。纵观他一生的读书生活实践，我们可以清楚地看出，既有人生读书总的目的，又有不同时期读书的具体的目的。既有长远的目标追求，又有近期的阶段性的目的需求。为什么读书，毛泽东从思想认识上，从他当时的心理倾向上都很清楚，很明白。所以，毛泽东一生中把有限的剩余时间，有限的人生精力总是用来读书。工作、读书、吃饭、睡觉这是毛泽东人生中的四件大事。他常说：饭可以少吃，觉也可以少睡，书可不能少读啊！在四件大事中，读书生活应当是他占用时间、耗费精力比较多的。特别是晚年的岁月，面对诸多不同的思想理论问题和复杂多样的社会实际问题以及他本人的心理实际，毛泽东每天几乎都在读书。毛泽东"至死方休"读书的思想、理念和实践，是毛泽东几十年读书生活实践为我们用心构筑起来的一座不朽的丰碑。

毛泽东"为什么读书"？毛泽东一生为什么酷爱读书？总起来说，就是为了改造旧中国，拯救民族危难，建设社会主义新中国，造福全世界、造福全人类。简单地说，就是"为国为民谋利造福"。学习毛泽东"为什么读书"，最根本、最重要的就是要学习毛泽东全心全意为全国各族人民谋利造福而读书的思想，把自己的一生、一切都奉献给我们伟大的祖国、伟大民族和伟大人民。毛泽东心中只有人民，毛泽东一切都是为了人民。毛泽东一生酷爱读书，一生都在全心全意为中国人民和世界人民利益造福而读书。

读书应学毛泽东"为什么读书"。

二 学毛泽东博览群书

（一）"博览群书"是毛泽东一生一贯的主张

毛泽东青年时代就主张博览群书。早在1917年夏，毛泽东在为萧子升《一切入一》的自学笔记写的序言中写道："庇千山之材而为一台，汇百家之说而成一学，取精用宏，根茂实盛，……台积而高，学积而博"。① 1920年6月7日，青年毛泽东给他的老师黎锦熙写了一封信，毛泽东在信中写道："我对于学问，尚无专究某一种的意思，想用辐射线的办法，门门涉猎一下。"②

这里说的"汇百家之说""想用辐射线的办法，门门涉猎一下"，都是"博览群书"的意思。

1956年4月25日，毛泽东在《论十大关系》中指出："我们的方针是，一切民族、一切国家的长处都要学，政治、经济、科学、技术、文学、艺术的一切真正好的东西都要学。" 1957年他亲笔写信给他的当时的秘书林克，要他"钻到看书看报看刊物中去，广收博览"③。从社会科学到自然科学，从马列主义著

---

① 《毛泽东早期文稿》，湖南出版社1990年版，第82页。
② 《毛泽东早期文稿》，湖南出版社1990年版，第478页。
③ 《毛泽东书信选集》，人民出版社1983年版，第531页。

作到西方资产阶级著作,从古代的到近代的,从中国的到外国的,包括哲学、经济学、政治、军事、文学、历史、地理、自然科学、技术科学等方面的书以及各种杂书,毛泽东都主张读。在延安的时候,毛泽东是抗大校务委员会主席。一次在校务办公会上他对大家说:我们要来一个读书比赛,看谁读的书多,掌握的知识多。只要是书,不管是中国的、外国的、古典的、现代的、正面的、反面的,大家都可以涉猎。①

"一切民族、一切国家的长处都要学""一切真正好的东西都要学",这里强调的三个"一切",就是下面说的"广收博览",与下面强调的"只要是书""都可以涉猎"都是"博览群书"的具体要求。

1957年4月4日到6日,毛泽东在离开杭州前,连续三天在南屏游泳池召集会议,听取上海、江苏、浙江、福建、安徽四省一市关于思想动态的汇报。在听取汇报的过程中,毛泽东说:"第一书记不仅要抓思想,而且要看各种文章,要看哲学、历史、经济、文学、逻辑、艺术方面的文章,自己这方面的知识要逐步增长起来,兴趣要养成。"②

1957年10月9日,毛泽东在中国共产党第八届中央委员会扩大的第三次全体会议上讲话中说:"学什么东西呢?一个是马克思列宁主义,一个是技术科学,一个是自然科学。还有文学,主要是文艺理论,领导干部必须懂得一点。还有什么新闻学、教育学,这些学问也要懂得一点。总而言之,学问很多,大体

---

① 穰明德:《毛泽东要求我们多读书》,《人民日报》1983年12月14日。
② 《毛泽东传(1949—1976)》,中央文献出版社2003年版,第657页。

要稍微摸一下。因为我们要领导这些事情嘛！我们这些人叫什么家呀？叫政治家。不懂这些东西，不去领导，怎么行呢？每个省都有报纸，过去是不抓的，都有文艺刊物、文艺团体，过去也是不抓的，还有统一战线、民主党派，是不抓的，教育也是不抓的。这些东西都不抓，结果，好，就是这些方面造反。而只要一抓，几个月情况就变了"。

这里既有批评，也有要求。毛泽东认为：各方面的知识很多，学问很多，对于领导干部来说，"各种各样的书都要读一点"，"也要懂得一点"，也"要稍微摸一下"。就是要"广收博览"。

(二)"博览群书"是毛泽东一生都在竭力坚持的实践

1. 毛泽东在青少年时代就读了很多的书

1912年秋，毛泽东在湘乡会馆（依托湖南图书馆）自学读书。在这里他如鱼得水，他后来回忆说："在这段自修期间，我读了很多书，研究了世界地理和世界历史。在图书馆里第一次看到并以很大的兴趣研究了一幅世界地图。我读了亚当·斯密的《原富》、达尔文的《物种起源》和约翰·斯·密勒的一部关于伦理学的书。我读了卢梭的著作，斯宾塞的《逻辑》和孟德斯鸠写的一本关于法律的书。我在认真研究俄、美、英、法等国的历史地理的同时，也穿插阅读了诗歌、小说和古希腊的故事。"

1916年2月，正在湖南第一师范读书的毛泽东在给友人萧子升的一封信中这样写道："经之类十三种，史之类十六种，子之类二十二种，集之类二十六种，合七十有七种。据现在眼光观之，以为中国应读之书止乎此。苟有志于学问，此实为必读而不可缺。"上述两段记载，足以说明求学时代的毛泽东博览群书的情形。

1936年，毛泽东在延安同斯诺的一次谈话中也说过："关于中国古代帝王尧、舜、秦皇、汉武的记载使我着迷，我读了许多有关他们的书。"

毛泽东从青年时代起，就喜欢阅读传统的经、史、子、集著作，就用心读过《纲鉴易知录》（〈清〉吴乘权、周之炯、周之灿编纂）、《御批历代通鉴辑览》（胡汝霖收藏，清朝乾隆皇帝在读《资治通鉴》时写下的批注文字和他认为比较重要的章节辑录而成）、《论语》《孟子》《国语》《老子》《左传》《孙子》《列子》《吕氏春秋》《史记》《汉书》等典籍。

2. 毛泽东在延安时期下苦功夫读了许多马列著作和哲学方面的书及其他方面的书籍

在延安的时候，毛泽东是抗大校务委员会主席。一次在校务办公会上他对大家说：我们要来一个读书比赛，看谁读的书多，掌握的知识多。只要是书，不管是中国的、外国的、古典的、现代的，正面的、反面的，大家都可以涉猎。①

毛泽东在延安读得多、批注文字多的哲学著作有西洛可夫、爱森堡等著《辩证法唯物论教程》（中译本第三版）、米丁等著《辩证唯物论与历史唯物论》（上册）、艾思奇著《哲学与生活》、

---

① 穆明德：《毛泽东要求我们多读书》，《人民日报》1983年12月14日。

李达著《社会学大纲》《辩证唯物论与历史唯物论》（博古译）、艾思奇编《哲学选辑》《辩证法唯物论教程》（中译本第四版）、艾思奇编《思想方法论》、河上肇著李达等译《马克思主义经济学基础理论》9部。这9部哲学著作，毛主席在延安时都读过多遍。打开这9部著作，你可以清晰地看到书上划的各种笔迹和成段成段的批注。许多地方画了竖线、横线、斜线、浪线、三角、方框、问号和圈、点、勾、叉等各种符号，有的是用红铅笔圈画的，有的是用蓝铅笔圈画的，有的是用黑铅笔圈画的。最长的是一段批注写了1200多字。

保存下来的唯一一份读书日记。毛泽东在日记上写道："二十年没有写过日记了，今天起再来开始，为了督促自己研究一点学问。"这份日记写于1938年2月1日至4月1日。先后时间是两个月。原手稿未标页码，共7页，是写在横格本子上的。2月1日这一天，毛主席写道："看李达的社会学大纲，1月17日至昨天（即1月31日，笔者注）看完第一篇，唯物辩证法，从1—385页。387—416。"从2日到4日，因工作忙没有时间看。5日从417页看到457页，看了整整40页。到3月16日，852页全看完了。从3月18日到4月1日，这两个星期，又看了克劳塞维茨写的《战争论》和潘梓年同志写的《逻辑与逻辑学》。从这份读书日记中，我们清楚地看到，这两个月中毛主席读的书主要是哲学方面的书。这是保存下来的唯一的读书日记。在延安时，在他的带动下，还组织过读书小组，号召大家读哲学、学哲学。

在延安的岁月里，毛泽东除了读哲学书之外，还读了其他很多方面的书。后来辗转带进中南海的就有1000多册。有马克思著的《资本论》《共产党宣言》，列宁著的《国家与革命》等马列的著作，有《鲁迅全集》（二十卷本），有《科学大纲》等自然科学著作，有克劳塞维茨的《战争论》，有几种历史演义等，许多书上都写满了密密麻麻的批注文字，有的书上还盖有手写体"毛泽东"名字的印章。毛泽东在延安岁月读过的书因战争、转移丢失了很多，进城带进中南海的仅仅是其中的一小部分。

3. 毛泽东在新中国成立之后带头读马列政治经济学著作和其他多种著作

新中国成立之后，党的工作重心逐步转移到了经济建设上。这时候，毛泽东的读书重点也随之转移到经济学经典著作上来了。他先后阅读过的马列经济学方面的著作有：《哥达纲领批判》《政治经济学批判》《经济学大纲》《资本论》《帝国主义是资本主义的最高阶段》《列宁有关政治经济学论文十三篇》《马恩列斯论共产主义社会》《苏联社会主义经济问题》《俄国资本主义的发展》等。我们知道，这一时期毛泽东读马列著作读得最多、下功夫最多的是《苏联社会主义经济问题》和苏联《政治经济学教科书》社会主义部分这两部著作。

20世纪60年代到70年代，毛泽东在中南海住地的图书共有十万册左右。这些存书，毛泽东差不多都翻阅过。有的翻阅过多次，反复阅读。毛泽东的存书中有一部清乾隆武英殿版的大字线装本二十四史，这部纪传体史书是当时做图书服务工作的同志根据主席的读书需要于1952年购买的。这部二十四史全书八百多册，四千万字左右，主席整整读了24年。传记部分是老人家最爱读的，许多的传记，他在阅读中还十分用心地作了标点、断句，画了着重线和作了多种不同的标记，许多地方都写有批注文字。其中的《史记》《前汉书》《后汉书》《三国志》《旧唐书》《新唐书》《晋书》《明史》等都读过多遍。直到他老人家生命的最后两年，在病中还坚持读《晋书》，用颤抖的手在好几册的封面上用红铅笔写上："一九七五年，八月再阅"，"一九七五，九月再阅"。他还常常把有意义的人物传记，批送给刘少奇、周恩来、邓小平、彭真、彭德怀等中央领导同志阅读。毛泽东除了读二十四史外，《资治通鉴》《续资治通鉴》《纲鉴易知录》历朝纪事本末、中国历朝历史演义和历史小说，他都爱读。《红楼梦》《三国演义》《水浒传》《西游记》《聊斋志异》等文学名著，他都读过多遍。《诗经》《楚辞》、汉魏六朝的文章，唐、宋、元、明、清诗别裁集，《词综》《曲选》《韩昌黎全集》《昭明文选》《唐诗三百首》《唐宋名家词选》等书都是他爱读的。一九七四年八月二十五日他已经重病在身，还亲手写了"唐宋名家词选"的书名，并告诉我们工作人员他还要看这种书。到外地考察巡视，他也常常把这些书带在身边。毛泽东不但爱读唐、宋各代名人的诗文作品，而且对一些作者和作品也都很有研究。如读《初唐四杰集》一书时，他写了这样一段批注："这个人（指王勃——笔者注）高才博学，为文光昌流丽，反映当时封建盛世的社会动态，很可以读。"王勃是唐代有名的年青诗人，毛泽东认为："一个二十八岁的人，写了十六卷诗文作品，与王弼的哲学（主观唯心主义），贾谊的历史学和政治学，可以媲美。"贾谊死时三十多岁，王弼死时二十四岁，还有李贺死时二十七岁，夏完淳死时十七岁。这些历史名人，虽然生活贫贱，可是在年轻时都很有作为。毛泽东称赞他们是"英俊天才"，对他们死得太早感到非常惋惜。他老人家饱含深情地写道："青年人比老年人强，贫人、贱人、被人们看不起的、地位低的人，大部分发明创造，占百分之七十以上，都是他们干的。百分之三十的中老年而有干劲的，也有发明创造。这种三七开的比例，为什么如此值得大家深深地想一想。结论就是因为他们贫贱低微，生力旺盛，迷信较少，顾虑少，天不怕，地不怕，敢想敢说敢干。如果党再对他们加以鼓励，不怕失败，不泼冷水，承认世界主要是他们的，那就会有很多的发明创造。"毛泽东还特别喜欢读唐代三李（李白、李贺、李商隐）的诗以及宋代辛弃疾等人的词，直到晚年，他还常常背诵、书写唐诗和宋词。

4. 对读自然科学的书一生充满浓厚兴趣

毛泽东对自然科学的学习和钻研，融贯他的一生。早在青少年时代，毛泽东就用心读过达尔文的《物种起源》，赫胥黎的《天演论》等自然科学著作。这些世界名著对毛泽东思想的发展有过重要影响。毛泽东晚年还多次提到过赫胥黎和达尔文。对达尔文及其著作毛泽东也是十分钦佩。在他的著作和谈话中，曾多次提到达尔文和进化论。在《关于正确处理人民内部矛盾的问题》一文中，毛泽东指出："历史上新的正确的东西，在开始的时候常常得不到多数人承认，只能在斗争中曲折地发展。正确的东西，好的东西，人们一开始常常不承认它们是香花，反而把它们看作毒草。哥白尼关于太阳系的学说，达尔文的进化论，都曾经被看作是错误的东西，都曾经经历艰苦的斗争。"①

据有关史料记载，1974年英国首相希思来中国访问时，送给毛泽东一张达尔文的照片，上面有达尔文的亲笔签名和达尔文自己写的一段话："这是我的确十分喜欢的一张照片，同我的其他照片比，我最喜欢这一张。"还有达尔文的《人类原始及类择》第一版，希思对毛泽东说：这些是达尔文的后人提供的。

毛泽东看了达尔文的照片后对希思说，达尔文，世界上很多人骂他。希思说，但我听说，主席很钦佩达尔文的著作。毛泽东点头说，我读过他的书。帮他辩护的，叫 Huxley（赫胥黎）。希思点头说，他是十分杰出的科学家。毛泽东说，他自称是达尔文的咬狗。②

就读自然科学方面的书而言，毛泽东最喜欢的是生命科学、天文学、物理学、土壤学等。1951年4月中旬的一天，毛泽东邀请周世钊和蒋竹如到中南海做客，曾对他们说："我很想请两三年假学习自然科学，可惜，可能不容许我有这样长的假期。"③

1956年党中央专门召开知识分子问题会议，毛泽东到会讲话，号召全党努力学习科学知识，同党外知识分子团结一致，为迅速赶上世界科学先进水平而奋斗。

在党的八大第二次预备会议上，毛泽东进一步提出这样一个重要论点：中央委员会中应该有许多工程师，许多科学家。现在的中央委员会，我看还是一个政治中央委员会，还不是一

---

① 《毛泽东文集》第7卷，人民出版社1999年版，第229页。
② 《毛泽东的读书生活》，中央文献出版社2003年版，第91—92页。
③ 《毛泽东的读书生活》，中央文献出版社2003年版，第4页。

个科学中央委员会。①

1958年初,毛泽东要求全党工作的重心转到技术革命和经济建设上来,他说:"提出技术革命,就是要大家学技术,学科学。"他还说:"过去我们有本领,会打仗,会搞土改,现在仅仅有这些本领就不够了,要学新本领,要真正懂得业务,懂得科学和技术,不然就不可能领导好。"② 他是这样要求全党同志的,实际上他见缝插针挤出时间认真阅读了许多关于农业、土壤、机械、物理、化学、水文、气象等自然科学方面的书。

1958年7月,毛泽东在中南海瀛台参观一机部的机床展览后,随即要秘书给他寻找几本《无线电台是怎样工作的》《1616型高速普通车床》等科技小册子。1958年9月,张治中陪同他一起外出视察工作。有一天,在行进的列车上,他正在聚精会神地看一本冶金工业的书。张治中诧异地问他:你也要钻研科技的书?毛泽东说:是呀,人的知识面要宽些。从9月10日至21日,毛泽东视察长江流域的湖北、安徽、江苏、上海、浙江等省市,沿途参观工厂、矿山、学校、农村时,每天都要乘车六七个小时,途中十分辛苦,即使如此,他仍不知疲倦地学习多种农业、土壤、植物学著作。1958年10月27日,一个阳光灿烂的下午,毛泽东兴致勃勃地来到北京西郊的中关村,参观各个研究所的成果展览会。对每一件展品,毛泽东都看得很仔细,足足看了两个半小时。

在一个全身布满黑点的人体模型前,当时的中国科学院副

---

① 参见《毛泽东文集》第7卷,人民出版社1999年版,第102页。
② 《毛泽东文集》第7卷,人民出版社1999年版,第350页。

院长张劲夫介绍说:"这是针灸穴位和皮肤电位分布的比较。试验证明,祖国医学上的经络学说还是值得重视的。"毛泽东边听边看说明,就祖国医学的科学性问题对大家说:这就有了科学了,不能再说没有科学喽!在技术科学展览馆,他参观了展出的重量轻、强度高、经济、便于安装的建筑材料后高兴地指出:如果全国都是这样,那就太好了。

参观后,毛泽东会见了各学部和各研究所的负责人和科学家,勉励大家要敢于走前人没走过的道路,破除迷信,解放思想,努力赶超世界先进水平。

1959年1月,苏联发射了一枚宇宙火箭。第二天,毛泽东就向有关人员索要了若干本关于火箭、人造卫星和宇宙飞船的通俗著作。

1960年11月,毛泽东看到《光明日报》哲学专刊上一篇题为《从设计"积木式机床"试论机床内部矛盾运动的规律》的文章,这是一篇提交全国第一次自然辩证法座谈会的论文,是结合当时"蚂蚁啃骨头"(小机床加工大工件)、"积木式机床"等技术革新成果写成的。读后,毛泽东大为赞赏,他请《红旗》杂志加以转载,并代《红旗》杂志编辑部给论文的作者写了一封信:

中国哈尔滨工业大学机械系机床及自动化专业分总支委会同志们:

看了你们在1960年11月25日《光明日报》上发表的文章,非常高兴,我们已将此文在本杂志上转载。只恨文章太简略,对六条结论使人读后有几条还不甚明了。你们是否可以再写一篇较长的文章，例如一万五千字到两万字，详细地解释这六条结论呢？对于车、铣、磨、刨、钻各类机床的特点，也希望分别加以分析。我们很喜欢读你们的这类文章。你们对机械运动的矛盾的论述，引起了我们很大的兴趣，我们还想懂得多一些，如果你们能满足我们的（也是一般人的）要求，则不胜感谢之至。①

信末原署"毛泽东1960年11月28日"，后来改署为"《红旗》杂志编辑部1960年12月6日"。从这里我们可以看到毛泽东对自然科学、技术科学的兴趣是多么浓厚。

新中国成立以后，毛泽东对自然科学的学习和研究下了很大功夫。曾担任过中共中央办公厅主任、国家主席的杨尚昆回忆说：毛泽东提倡学习，不是说说而已，他买了许多书来读，还把中学物理、化学实验的仪器买来摆在寝室外面。他的求知欲是没有止境的。有一次他外出的时候，李烛尘陪着他，他就跟李烛尘学化学，谈起硫酸是什么成分，他还能写出硫酸的分子式，当时我在旁边，看见毛主席记了很多的化学分子式。

毛泽东虽然不是一位专门从事自然科学、技术科学研究的专家，但他却是一位对自然科学研究、技术科学研究有着浓厚兴趣，并予以高度重视的伟大领导人。他一生都在尽可能地从繁忙的工作中挤出时间来学习和了解自然科学、技术科学的发展情况。

---

① 《建国以来毛泽东文稿》第9册，中央文献出版社1996年版，第378页。

5. 毛泽东是一个真正"博览群书"的人

毛泽东读书的范围十分广泛。从内容上来说，马列主义著作、哲学著作、历史著作、经济学著作、军事著作、文学著作、自然科学著作、技术科学著作等，他都终身爱读。从时间上来说，古代的，现代的，当代的，从社会科学到自然科学，他都有兴趣。说他对哲学著作有兴趣，可是对逻辑学、美学以及佛学等宗教哲学著作也有兴趣，佛教的经典《金刚经》《六祖坛经》《华严经》等经典他都读过。基督教的《圣经》也读过。从各门自然科学、自然科学史直到《无线电话是怎样工作的》等通俗书籍，他也有兴趣涉猎。1974年至1975年，他还读过《化学》《动物学》杂志，对生命科学、天文学、物理学、土壤学等著作都有兴趣。他不仅对中外文学名著读了又读，爱不释手，对中国古今的笑话书、小人书等也很爱读。从1974年1月1日到6月30日，整整半年的时间，他老人家大部分时间读的是笑话书。如：《古代笑话选》《历代笑话选》《笑话新选》《笑话新谈》《笑林广记》《新笑林一千种》《哈哈笑》《笑话三千篇》《幽默笑话集》《时代笑话五百首》等数十种笑话书，他都看过。20世纪70年代，《红楼梦》《三国演义》《水浒传》《西游记》等人民美术出版社出版的小人书，他老人家也常在茶余饭后翻阅。还有历代字帖、名人墨迹、名家书画作品、《楹联丛话》等，他更是爱不释手，看了又看、读了又读。

从1972年7月8日至1976年8月31日，此时，毛泽东已经是重病缠身，在全身是病的日子里，还带病读了129种新印的大字本线装书。

毛泽东晚年阅读过的120多种新印的大字本线装书，从内容上来说，有《政治经济学》(〈苏〉列昂节夫著)、《盐铁论读本》(郭沫若校订)、《经验主义，还是马克思列宁主义》等政治、经济理论读物，也有《简明中国哲学史》(杨荣国主编)、《哲学小辞典》(外国哲学史部分)和《孙子兵法》《孙膑兵法》等中外古今哲学、军事方面的读物；有《古代社会》(美国摩尔根著)、《世界通史》《中国近代史》(范文澜著)等中外历史读物，也有《王安石》(邓广铭著)、《拿破仑传》(〈苏〉叶弗·塔尔列著)、《我在六十岁以前》(马叙伦著)等中外古今人物传记；有中国文学包括《中国文学史》(北大中文系1955级集体编)、《中国文学发展史》(刘大杰著)、《中国文学发展简史》(北大中文系57级编)等中国文学史著作，《鲁迅全集》《三国志通俗演义》《水浒传》《红楼梦》《聊斋志异》《东周列国志》《儒林外史》等中国古典小说，《唐宋名家词选》《唐诗三百首详析》、唐宋元明清五朝诗别裁集、《曲选》《李贺诗集》《随园诗话》等中国诗词曲读物，《笑林广记》等民间通俗文学读物，《一千零一夜》等外国文学读物；在自然科学方面，有《物种起源》(达尔文著)、《基本粒子发现简史》(杨振宁著)和李政道当时尚未正式发表的论文《不平常的核态》及《动物学》《化石》杂志等读物。还有《毛泽东选集》《毛主席的四篇哲学著作》《毛泽东军事文选》和《毛主席诗词》等他本人的著作。

1972年10月12日到1976年1月12日，整整3年零3个月，在这1200个日日夜夜里，毛泽东在身患多种疾病的情况下还很有兴致地博览了数百种、上千册的历代碑帖、草书字帖，名人墨迹、真迹、手书、手稿、手札。

毛泽东逝世后，我们曾对中南海他的住地珍存的全部图书进行了整理、统计、登记，总数约 10 万册。读万卷书，行万里路，毛泽东都做到了。毛泽东中南海住地会客厅里、办公室里、卧室里、吃饭桌旁、卫生间里，到处都摆放着毛泽东生前爱看的、看过的、正在看的各种各样的书。毛泽东睡觉的木板床上，大半边都摆放着多种马列著作和政治、经济、科学、文学、历史、地理、词典等书。他每天工作、生活的地方，就如同书的海洋。在北京是这样，去外地巡视、考察、调研、开会，他的住地也是这样，到处都放着书。

毛泽东的一生就如同生活在书的海洋里，一生都坚持不懈地在书海里学习、采撷、奋进。

三 学毛泽东密切联系实际读书

密切联系实际读书,是毛泽东高度重视并坚持终身的一种读书方法,也是毛泽东践行一生的最重要、最有成效的读书实践。

(一) 毛泽东一贯重视并反复强调读书学习要联系实际

早在 1930 年 5 月,毛泽东在《反对本本主义》文章中就说过:"马克思主义的'本本'是要学习的,但是必须同我国的实际情况相结合。"①

1941 年 5 月 19 日,毛泽东在延安干部会上所作的《改造我们的学习》报告中指出:"许多同志的学习马克思列宁主义似乎并不是为了革命实践的需要,而是为了单纯的学习。所以虽然读了,但是消化不了。只会片面地引用马克思、恩格斯、列宁、斯大林的个别词句,而不会运用他们的立场、观点和方法,来具体地研究中国的现状和中国的历史,具体地分析中国革命问题和解决中国革命问题。这种对待马克思列宁主义的态度是非常有害的,特别是对于中级以上的干部,害处更大。"

---

① 《毛泽东选集》第 1 卷,人民出版社 1991 年版,第 111—112 页。

毛泽东说:"我们学的是马克思主义,但是我们中的许多人,他们学马克思主义的方法是直接违反马克思主义的。这就是说,他们违背了马克思、恩格斯、列宁、斯大林所谆谆告诫人们的一条基本原则:理论和实际统一。他们既然违背了这条原则,于是就自己造出了一条相反的原则:理论和实际分离。在学校的教育中,在在职干部的教育中,教哲学的不引导学生研究中国革命的逻辑,教经济学的不引导学生研究中国经济的特点,教政治学的不引导学生研究中国革命的策略,教军事学的不引导学生研究适合中国特点的战略和战术,诸如此类。其结果,谬种流传,误人不浅。""马克思、恩格斯、列宁、斯大林教导我们说:应当从客观存在着的实际事物出发,从其中引出规律,作为我们行动的向导。为此目的,就要像马克思所说的详细地占有材料,加以科学的分析和综合的研究。"在这个报告中,毛泽东还强调:要使马克思列宁主义的理论和中国革命的实际运动结合起来,是为着解决中国革命的理论问题和策略问题而去从它找立场,找观点,找方法的。这种态度,就是有的放矢的态度。"的"就是中国革命,"矢"就是马克思列宁主义。我们中国共产党人所以要找这根"矢",就是为了要射中国革命和东方革命这个"的"的。这就是实事求是的态度。"实事"就是客观存在着的一切事物,"是"就是客观事物的内部联系,即规律性,"求"就是我们去研究。我们要从国内外、省内外、县内外、区内外的实际情况出发,从其中引出其固有的而不是臆造的规律性,即找出周围事变的内部联系,作为我们行动的向导。而要这样做,就须不凭主观想象,不凭一时的热情,不凭死的书本,而凭客观存在的事实,详细地占有材料,在马克思列宁主义一般原理的指导下，从这些材料中引出正确的结论。①

1942年2月1日，毛泽东在中共中央党校开学典礼上的演说中又一次指出：马克思列宁主义理论和中国革命实际，怎样互相联系呢？拿一句通俗的话来讲，就是"有的放矢"。"矢"就是箭，"的"就是靶，放箭要对准靶。马克思列宁主义和中国革命的关系，就是箭和靶的关系。有些同志却在那里"无的放矢"，乱放一通，这样的人就容易把革命弄坏。②

在这次演说中毛泽东还提道："对于马克思主义的理论，要能够精通它、应用它，精通的目的全在于应用。如果你能应用马克思列宁主义的观点，说明一个两个实际问题，那就要受到称赞，就算有了几分成绩。被你说明的东西越多，越普遍，越深刻，你的成绩就越大。"③

笔者理解，毛泽东强调的联系实际读书，就是在读书过程中，将所读书上的内容与中国人民革命斗争和社会主义经济建设的实际，与党的建设的实际，与中国社会前进发展的政治、经济、历史、文化、教育实际，自然科学实际等，与读书人自己的工作实际、思想实际、理想信念实际、情感实际等紧密地联系起来。把读书时读书人自己头脑里所想、所思、所动等都写下来，记下来，表达出来。这种所思、所想、所写、所记、所表达的仿佛是读书人在与书的作者或书上的人物包括历史人物、现代人物、死人、活人等面对面的交谈、交流、讨论。对

---

① 《毛泽东选集》第3卷，人民出版社1991年版，第797—801页。
② 《毛泽东选集》第3卷，人民出版社1991年版，第819页。
③ 《毛泽东选集》第3卷，人民出版社1991年版，第815页。

作者的话、书上人物的话及其政治主张和思想、认识、观点、过去的事、书上的记载等全部文字，都入心用脑，用心思考，有感即发，有想就批，有话即写。对书上的观点赞成就表示赞成，不赞成就表示不赞成，有疑问就提出疑问，有反对就提出反对。总之，随读随想，随想随记，实想实记，怎么想就怎么批、怎么注、怎么记。这样读书，就叫密切联系实际读书。毛泽东在几十年读书实践中是一直坚持这样做的。

（二）毛泽东青年时代在湖南求学时是怎样密切联系实际读《伦理学原理》的

说到毛泽东青年时代密切联系实际地读书，笔者在这里先向读者简要介绍。毛泽东早在1917年至1918年，在湖南求学时联系实际地读《伦理学原理》①一书的有关情况。

毛泽东在读《伦理学原理》一书的过程中，边读边用心思考，一边读一边想，随思、随想、随批。全书原文共约10万字，毛泽东边读、边想、边用近似7号铅字大小的蝇头行楷写下的批注文字共达1.2万余字。是毛泽东早年写有批注文字保存下来最完整、批注文字最多的一本密切联系实际的读书批注。

毛泽东在读《伦理学原理》过程中，在本书的天头地脚等处写下很多的批注文字，绝大部分文字都是毛泽东联系中国当时的社会，中国历史及其本人的思想认识等方方面面的实际，非常坦诚地、非常鲜明地表明他的主张、观点、看法和想法的。

---

① 〔德〕泡尔生著，蔡元培译：《伦理学原理》，商务印书馆1913年版。

笔者在这里只举以下两例，进一步加以说明。

原著中有一段文字写道："且一切杀身成仁之事，亦皆含有保存小己之义，即所以保存其观念中之小己者也。彼列格路何尝不以生活为鹄，惟其所鹄者，非形质界之生活而精神界之生活耳。其效力国家，无论和战，必鞠躬尽瘁，死而后已。固以为非使罗马民族品位崇高，名誉发扬，则己之职分固有所未尽焉，此其所以与罗马民族之名俱不朽于千载者也。"毛泽东读了这段话之后，密切结合他个人当时的思想认识实际和国家的历史实际写下了一条长达361个字的批注："此语甚精。观此语始知泡氏亦以个人主义为基础，此个人主义乃为精神的，可谓之精神之个人主义。个人有无上之价值，百般之价值依个人而存，使无个人（或个体）则无宇宙，故谓个人之价值大于宇宙之价值可也。故凡有压抑个人，违背个性者，罪莫大焉。故吾国之三纲在所必去，而教会、资本家、君主、国家四者，同为天下之恶魔也。或曰个人依团体而存，与团体之因个人而存其事相等，盖互相依存不可偏重也。是不然。事固先有个人而后有团体，个人离团体固不能独存，然团体无意思，其有意思仍系集合个人之意思也。……人一身乃集许多小个体而成，社会乃集许多个人而成，国家乃集许多社会而成。当其散则多，及其成则一。故个人、社会、国家皆个人也，宇宙亦一个人也。故谓世无团体，只有个人，亦无不可。"批注的字里行间隐现着毛泽东注重个人价值的思想观点。当时毛泽东就提出"吾国之三纲在所必去"（"三纲"是指封建社会君为臣纲，父为子纲，夫为妻纲。——笔者注），"而教会、资本家、君主、国家四者，同为天下之恶魔也"。可见毛泽东在五四运动前夕就已经萌生了反帝反封建思想，批注的文字也鲜明地表明了毛泽东对半封建、半殖民地旧中国社会制度的憎恶。

　　第二条批注。书上原文是："……征之历史，国民皆不免有老衰萎缩之时，若思维行为一定之习惯，若历史沿袭之思想，若构造，若权利，与时俱增。于是传说足以阻革新之气，……而此历史界之有机体，卒不免于殄灭。当是时也，各人又安有能力，用以生殖传衍，本旧文明之元素，以构新历史之实质耶？人类全体亦然。虽非历史所能证明，而以此卜论推之，知其不免于绝灭。征之物理学、恒星及太阳系统，皆当历生长老死之阶级。其生也，自他星体而分离，由是发展焉，成熟焉，经无量数之生活，而乃老衰焉，萎缩焉。若地球，若人类，亦莫不然。"读了这段简短的文字后，毛泽东又联系了国家、民族、社会、人民、人类、宇宙及他本人的思想实际写下了470字的批注。毛泽东在批注的开头就写道："中华民国正处此地位"。看到书上的内容，就联系到当时的"中华民国"。紧接着，毛泽东又写道："吾于此处之解释，亦如上文。一人生死之言，本精神不灭、物质不灭为基础（精神物质非绝对相离之二物，其实即一物也，二者乃共存者也）。世上各种现象只有变化，并无生灭成毁也，生死也皆变化也。既无生灭，而只有变化，且必有变化，则成于此必毁于彼，毁于彼者必成于此，成非生，毁非灭也。……国家有灭亡，乃国家现象之变化，土地未灭亡，人民未灭亡也。国家有变化，乃国家日新之机，社会进化所必要也。今制德意志即从前之日耳曼，土地犹是也，人民犹是也。吾尝虑吾中国之将亡，今乃知不然。改建政体，变化民质，改良社会，是亦日耳曼而变为德意志也，无忧也。惟改变之事如何进行，乃是问题。吾意必须再造之，使其如物质之由毁而成，如孩儿之从母腹胎生也。国家如此，民族亦然，人类亦然。各世纪中，各民族起各种之大革命，时时涤旧，染而新之，皆生死成毁之大变化也。宇宙之毁也亦然。宇宙之毁决不终毁也，其毁于此者必成于彼无疑也。吾人甚盼望其毁，盖毁旧宇宙而得新宇宙，岂不愈于旧宇宙耶！"从上述大量的批注文字中，我们可以清楚地看到，青年时代毛泽东读书的一大特点是紧密联系实际。24岁的毛泽东在读书求学时就心系祖国，心系中华民族，胸怀全人类，对半封建半殖民地的旧中国，他明确提出了"吾意必须再造之，使其如物质之由毁而成，如孩儿之从母腹胎生也。"他认为："国家如此，民族亦然，人类亦然。"并主张"时时涤旧，染而新之"。年青毛泽东的宏伟抱负，人生追求跃然在读书批注的字里行间。

《伦理学原理》是德国哲学家、伦理学家泡尔生的主要代表作《伦理学体系》的一部分。是一本纯修身理论读物。杨昌济在湖南省立第一师范学校讲授修身课时，曾将此书作为教材。

（三）延安岁月，毛泽东是怎样密切联系实际读马列主义哲学著作的

1926年、1927年毛泽东在深入实际、深入到农户家中广泛调查研究的基础上撰写了《中国社会各阶级的分析》《湖南农民运动考察报告》等著名文章，这是他这一时期理论联系实际读书的产物。这些文章，密切结合中国当时社会的实际情况，运用马列主义的基本观点科学地分析了中国当时社会各阶级的状况，为开辟创建农村

革命根据地、走农村包围城市的武装革命道路奠定了理论基础。以后的几十年里，毛泽东一直坚持学习马列主义理论著作与中国革命斗争实际和社会主义经济建设的实际紧密结合的有效方法。

1930年5月，毛泽东在《反对本本主义》一文中指出："马克思主义的'本本'是要学习的，但是必须同我国的实际情况相结合。"①

1942年2月1日，毛泽东在中共中央党校开学典礼上的演说中指出："马克思列宁主义理论和中国革命实际，怎样互相联系呢？拿一句通俗的话来讲，就是'有的放矢'。'矢'就是箭，'的'就是靶，放箭要对准靶。马克思列宁主义和中国革命的关系，就是箭和靶的关系。有些同志却在那里'无的放矢'，乱放一通，这样的人就容易把革命弄坏。"②

就是在这次演说中，毛泽东还说："对于马克思主义的理论，要能够精通它、应用它，精通的目的全在于应用。如果你能应用马克思列宁主义的观点，说明一个两个实际问题，那就要受到称赞，就算有了几分成绩。被你说明的东西越多，越普遍，越深刻，你的成绩就越大。"③毛泽东是这样要求全党同志的，而他自己读马列主义理论著作时，一直都是这样做的。

1935年，中国工农红军经过二万五千里长征到达陕北以后，为了从理论上总结历史教训，更好地指导中国的革命实践，毛泽东十分重视马列主义理论著作的学习和研究，尤其对马列主

---

① 《毛泽东选集》第1卷，人民出版社1991年版，第111—112页。
② 《毛泽东选集》第3卷，人民出版社1991年版，第819页。
③ 《毛泽东选集》第3卷，人民出版社1991年版，第815页。

义的理论基础辩证唯物论与历史唯物论和各种中外哲学著作的钻研更加勤奋刻苦。他认为："指导一个伟大的革命运动的政党，如果没有革命理论，没有历史知识，没有对于实际运动的深刻的了解，要取得胜利是不可能的。"在延安的艰难岁月中，毛泽东的日常工作异常繁忙，但他还是挤时间，下苦功，学习钻研马列主义著作。我们保存下来的毛泽东在延安时期读过，并写有批注文字的马恩列斯著作有：《共产党宣言》《资本论》《列宁选集》《列宁关于辩证法的笔记》《哥达纲领批判》《国家与革命》《"左派"幼稚病》《斯大林选集》等。

毛泽东在延安时期除了理论联系实际读了大量的马列著作外，还密切联系实际读了大量的马列主义哲学著作。对毛泽东在延安苦读马列主义哲学著作的情况，斯诺在他撰写的《西行漫记》中有过这样一段叙述："毛泽东是个认真研究哲学的人。我有一阵子每天晚上都去见他，向他采访共产党的历史。有一次一个客人带了几本哲学新书来给他，于是毛泽东就要求我改期再谈。他花了三四夜的工夫专心读这几本书，在这期间，他似乎是什么都不管了。他读书的范围不仅限于马克思主义的哲学家，而且也读过一些古希腊哲学家、斯宾诺莎、康德、歌德、黑格尔、卢梭等人的著作。"我们从保存下来的图书中可以看到，在延安时期毛泽东联系实际读，批过的马列主义哲学著作主要有：《社会学大纲》[①]《哲学选辑》[②]《思想方法论》[③]《辩证

[①] 李达：《社会学大纲》，上海笔耕堂1937年版。
[②] 艾思奇：《哲学选辑》，延安解放社1937年版。
[③] 艾思奇：《思想方法论》，上海生活书店1937年版。

唯物论与历史唯物论》①《辩证法唯物论教程》②《唯物论与经验批判论》③《哲学与生活》④《辩证唯物论与历史唯物论》⑤《马克思主义经济学基础理论》⑥ 等。

在延安的岁月里，毛泽东是怎样密切联系实际读马列主义哲学著作的呢？笔者在这里只以毛泽东读《辩证法唯物论教程》一书为例向读者作简略的介绍。《辩证法唯物论教程》中译本有第三版、第四版两种版本。这两种版本，毛泽东都读过多遍。毛泽东曾说过，李达著的《社会学大纲》，他读过10遍。这两种版本，毛泽东不知读过多少遍。从毛泽东在这两种版本书上的批注文字、墨迹、笔迹颜色来看，读这两本书所下的工夫比读《社会学大纲》还要多得多，批注文字大多是七号行书毛笔书写，最长的一段批注文字有1200字左右。除极少数提要、概括、发挥及对原文观点的疑问等文字之外，绝大部分批注文字都是密切联系当时中国、俄国革命斗争和经济建设等实际写下的表明他的思想认识和观点。笔者在这里只举读第三版一例来加以说明。原书第三版有一段文字："资本主义体系和苏维埃体系之间的矛盾，当然对于苏联社会主义关系的发展，发生影响。

---

① 〔苏联〕米丁等著，沈志远译：《辩证唯物论与历史唯物论》，商务印书馆1936年版。
② 〔苏联〕西洛可夫、爱森堡等著，李达、雷仲坚合译：《辩证法唯物论教程》，上海笔耕堂1935年版、1936年版。
③ 〔苏联〕乌里亚诺夫著，傅子东译：《唯物论与经验批判论》，神州国光社1935年版。
④ 艾思奇：《哲学与生活》。
⑤ 博古译编译：《辩证唯物论与历史唯物论》，中国出版社1938年版。
⑥ 〔日〕河上肇著，李达等译：《马克思主义经济学基础理论》，昆仑书店1930年版。

经济的财政的封锁,信用贷款的拒绝,对于苏联'倾销'的斗争,直接的反动攻击,干涉的准备等等——这一切,虽在苏联社会主义的发展中反映出来,然是通过苏联社会主义之内的规律性,曲折的反映出来。国际资本阻害社会主义发展的程度,依存于社会主义的发展及其强化的程度。……"针对这一段的文字,毛泽东在批注中写道:"'物必先腐之,然后虫生之,人必先疑也,然后谗人之'。'非战之罪,乃天亡我'的说法是错误的。五次反围剿失败,敌人的强大是原因,但战之罪,干部政策之罪,外交政策之罪,军事冒险之罪,是主要原因。机会主义,是革命失败的主要原因。帝国主义吸引与国民党叛变,对于革命说当然是原因。外的力量,须通过内的规律性(机会主义等)才能曲折的即间接的发生影响。流水不腐,非流水腐;户枢不蠹,非户枢蠹。物之本身情况如何,是第一原因。国民党能够破苏区与红军,但必须苏区与红军存在有不能克服的弱点。若能克服弱点,自己巩固,则谁也不能破坏。红军至今没有被破坏,就因为此。中央苏区、鄂豫皖苏区被破坏,主要是内的原因。西路军亦然。'内省不疚,夫何忧何惧'九一八之不能抵御,原于一九二七年之失败。今日国难之是否得救,决定于统一战线能不能发展与巩固,不决定于日本。国民党之不能照旧之变的存在,原于其政策与组成之弱点。资本主义之必然灭亡,原于其内在的矛盾。阶级与政党之灭亡,原于其自身的条件。人之健病、生死,原于其自身条件。机械力推动物体运动,通过物体自身的可动性。任何事物、任何过程,外力是有影响的,且是严重的影响,然必通过内的情况才起作用。决定的东西属于内力。"就这样,一段一段地读,一段一段地写批注文字。读完全书，全书空白处几乎写满了批注的文字。从上述这段批注的文字中，我们可以清楚地看到：毛泽东在读《辩证法唯物论教程》一书，由书上的内容联系到第五次反"围剿"的失败，联系到红军和中央苏区、鄂豫皖的斗争，联系敌对势力和国民党，联系到九一八国难，联系到抗日统一战线，联系到干部政策和外交政策，联系到阶级和政党，联系到人的生老病死，联系到物体的机械运动等。联系的面、范围很广。读书的过程，就是思考的过程，就是总结的过程，就是再认识的过程。这样密切联系实际读书，就会事半功倍，收获很大。

在延安的岁月里，是毛泽东联系实际读马列著作、读哲学著作收效最佳的时期之一。毛泽东运用马列主义的普遍真理和中国革命的具体实际相结合，全面透彻地分析中国革命斗争的现状，正确估计敌我双方的力量。以至做到对战争的领导，对战役的设计和组织，对战略和战术的制定，总是科学恰当，用兵如神，出敌意外，使貌似强大的日本帝国主义和国民党反动派不得不败倒在中国人民的顽强抵抗之下。中国人民抗日战争、解放战争的伟大胜利，就是毛泽东和我们党的老一辈无产阶级革命家把马列主义和中国革命具体实际相结合的光辉典范。这是毛泽东联系实际读马列、学哲学的显著成果，生动体现。毛泽东在延安时期撰写的《矛盾论》《实践论》以及《中国革命战争的战略问题》《抗日游击战争的战略问题》《论持久战》等不朽的著作，凝聚着毛泽东联系实际读书无限智慧和心血。

(四）新中国成立初期是怎样密切联系实际读苏联《政治经济学教科书》社会主义部分的

1949年以后，我国进入新的社会发展阶段。党的工作重心逐步转移到了经济建设上来。这时候，毛泽东的读书重点也随之转移到经济学经典著作上来。据我们统计，这段时间毛泽东先后阅读过的马列经济学方面的著作有：《哥达纲领批判》《政治经济学批判》《经济学大纲》《资本论》《帝国主义是资本主义的最高阶段》《列宁有关政治经济学论文十三篇》《马恩列斯论共产主义社会》《苏联社会主义经济问题》《俄国资本主义的发展》等。我们知道，这一时期毛泽东读马列著作读得最多、下功夫最多的是《苏联社会主义经济问题》和苏联《政治经济学教科书》社会主义部分这两部著作。

《政治经济学教科书》是由苏联科学院经济研究所研究人员集体编写的。

1960年年初，毛泽东在读苏联《政治经济学教科书》的时候说过的一段很重要的话："我们党里有人说，学哲学只要读《反杜林论》《唯物主义和经验批判主义》就够了，其他的书可以不读。这种观点是错的。马克思这些老祖宗的书，必须读，他们的基本原理必须遵守，这是第一。但是，任何国家的共产党，任何国家的思想界都要创造新的理论，写作新的著作，产生自己的理论家，来为当前的政治服务。单靠老祖宗是不行的。只有马克思和恩格斯，没有列宁，不写出《两个策略》等著作，就不能解决一九〇五年和以后出现的新问题。单有一九〇八年的《唯物主义和经验批判主义》，还不足以对付十月革命前后发生的新问题。适应这个时期革命的需要，列宁就写了《帝国主义论》《国家与革命》等著作，列宁死了，又需要斯大林写出《论列宁主义基础》和《论列宁主义的几个问题》这样的著作，来对付反对派，保卫列宁主义。我们在第二次国内革命战争末期和抗战初期写了《实践论》和《矛盾论》，这些都是适应于当时的需要不能不写的。现在我们已经进入社会主义时代，出现了一系列的新问题，如果单有《实践论》《矛盾论》，不适应新的需要，写出新的著作，形成新的理论，也是不行的。"①

这段意味深长的话，足以表明毛泽东读马列著作，学习研究马列著作的态度。正是在这个思想指导下，毛泽东在1963年提出要为马列主义经典著作写序、作注。之后，又在1965年12月重新提出写序问题。他召集陈伯达、艾思奇、胡绳、田家英等到杭州进行这一工作。当时毛泽东特别提醒，写序要结合中国革命的实践经验。可惜这件事后来被"文化大革命"打断了。

毛泽东读苏联《政治经济学教科书》社会主义部分，时间是集中在20世纪50年代后期和60年代前期。在这一时期，他不仅自己读，而且还号召党的各级领导干部读。他要求"每人每本用心读三遍，随读随想，加以分析"。同时期他身边几种不同版本的苏联《政治经济学教科书》都用心读过，从种种批注的笔迹和批划的情形来看，许多篇章他至少读过五遍以上。这段时期，毛泽东联系实际读书的方式主要有三种：一是自己一

---

① 《毛泽东传（1949—1976）》（下），中央文献出版社2003年版，第1047—1048页。

个人读，随读随想；二是与其他人一起读，边读边议，可以展开讨论；三是在会议上与与会人员一起读，边读边想边讲。总之，在这一时期，毛泽东读苏联《政治经济学教科书》是下了很大功夫的。为什么这样下功夫读这本书呢？最主要的目的就是使自己获得一个清醒的头脑，以便更好地指导当时国家的经济工作。无论对毛泽东个人来说，还是对当时的各级领导干部来说，在领导中国社会主义经济革命和经济建设的工作中，特别是在1958年"大跃进"中发生一些实际问题，存在一些混乱思想。怎么办？怎样统一大家的思想？当时，毛泽东的想法：就是读马列的书，读苏联《政治经济学教科书》。通过读马列著作和苏联《政治经济学教科书》来统一大家思想，来纠正思想认识上的一些模糊观念。

从1958年11月至1960年1月，毛泽东曾经多次号召党的各级领导干部读苏联《政治经济学教科书》。

1958年11月9日，毛泽东在写给中央、省市自治区、地、县四级党委委员的信中，建议广大干部有时间可以读读苏联编的那本《政治经济学教科书》。

1958年11月21日在武昌政治局会议上，毛泽东又批示印发中国科学院经济研究所整理的《苏联政治经济学教科书第三版的重要修改和补充》给与会人员。他在会议的讲话中说："苏联《政治经济学教科书》第三版的要点，你们看一下。我们这些人，包括我在内，社会主义经济规律是什么东西，过去是不管它的；现在我们真正搞起来了，全国也议论纷纷。斯大林的书，我们要看一下，《政治经济学教科书》也要看，每人发一本，把社会主义部分看一遍。"

在 1958 年 12 月的八届六中全会上，毛泽东说，郑州会议提出研究斯大林这本书，苏联的《政治经济学教科书》，还有一本《马恩列斯论共产主义社会》。大家没有看，要拿出几个月时间请各省组织一下。

1959 年 7 月 2 日，毛泽东在庐山会议的开幕式上说，有鉴于去年许多领导同志对于社会主义经济问题还不大了解，不懂得经济发展规律，有鉴于现在工作中还有事务主义，应当好好读书。中央、省、市、地委一级委员，包括县委书记，都要读《政治经济学教科书》第三版。时间三至五、六个月，或一年，现在有些人是热锅上的蚂蚁，要让他们冷一下。去年有一年的实践，再读书更好。学习苏联经验，读苏联《政治经济学教科书》是比较好的办法。这本书缺点有，但比较完整。

1960 年 1 月，在上海中央工作会议讨论国民经济计划时，毛泽东再次号召领导干部要学习苏联《政治经济学教科书》。他说，我有一个建议，中央各部门的党组，各省、市、自治区党委，应组织起来读《政治经济学教科书》，先读下半部（社会主义部分）。……以第一书记挂帅，组织个读书小组，把它读一遍。至于上半部（资本主义部分），也要定个期限。今年主要精力恐怕是读经济学。

毛泽东深感各级干部非常缺乏经济学的知识，他自己也觉得需要加强这方面的学习和思考。所以，在号召各级领导干部学《政治经济学教科书》的同时，从 1959 年 12 月到 1960 年 2 月，他自己带头读书，还指定陈伯达、胡绳、邓力群、田家英等人组成了一个读书小组，与他一起读《政治经济学教科书》。采取边读边议的方法，逐章逐节阅读和讨论，在读书讨论过程中，毛泽东先后发表许多谈话。

毛泽东读这本教科书，有一个显著特点，就是紧密结合中国的实际，结合当前中国正在做的事情和他个人正在思考的问题，发表议论。有些是有感而发，有些是带有总结经验的性质。并且从中国的经验同苏联的经验相比较中探讨一些问题。毛泽东读教科书的另一个显著特点，就是既有独立思考，又有分析。他说这次读书采取了"跟着书走"的方法，是为了了解作者的观点和方法。但他的思想并没有完全跟着书走，既肯定正确的东西，又有大胆怀疑，提出许多不同的观点和独到的见解。毛泽东读教科书还有一个显著特点，就是他作为一名革命家、政治家、战略家，而不是作为一名学者来读；他并不是在那里坐而论道，而是结合读书考虑中国应该怎样做。这次读书是在庐山会议之后，不可避免地反映出他的一些"左"的观点。但又因为有了"大跃进"之后纠"左"的一段经历，因而同发动"大跃进"时又有所不同。

毛泽东读教科书谈话中，提出许多重要的思想观点。例如，关于怎样掌握完整的世界观和方法论的问题；关于如何认识规律的问题；关于如何研究政治经济学的问题；关于生产力的大发展，总是在生产关系改变以后而不是生产关系改变之前的观点；关于社会主义社会两种所有制问题；关于劳动生产过程中人与人的关系问题；关于社会主义条件下价值规律的作用问题；关于社会主义国家怎样对待物质利益原则的问题；关于社会主义社会发展阶段论的观点；关于中国四个现代化的提法问题；关于战争与和平的问题；关于任何国家的共产党都要创造新的理论的问题。

运用对立统一规律，分析矛盾，是毛泽东一生中观察问题、研究问题和处理问题使用的根本方法。这个方法始终贯穿在读教科书的谈话之中。他说："对立统一的法则，对各种事物都是适用的。这样来研究问题、看待问题就有了一贯的完整的世界观和方法论。"毛泽东批评教科书没有运用这个世界观和方法论来分析事物。他说，当作一门科学，应当从分析矛盾出发，否则就不能称其为科学。

毛泽东用对立统一规律，来说明量变与质变的关系，说明量变中就有部分质变的道理。部分质变论，并不是毛泽东最先提出的，但他重新提起并加以发挥，在中国哲学界产生了广泛影响。这个观点，在他看来，不仅有哲学意义，还有实践意义。就像他所说的，在一个长过程中，在进入最后的质变以前，一定经过不断的量变和许多的部分质变。这里有个主观能动性的问题，如果我们在工作中，不促进大量的量变，不促进许多的部分质变，最后的质变就不能到来。

关于如何认识事物规律的问题，毛泽东曾说要认识事物的规律，必须进行实践，在实践中必须采取马克思主义的态度来进行研究，而且必须经过胜利和失败的比较。反复实践，反复学习，经过多次胜利和失败，并且认真进行研究，才能逐步使自己的认识合乎规律。只看见胜利，没有看见失败，要认识规律是不行的。毛泽东批评这本教科书总是先下定义，从规律出发来解释问题，有点像政治经济学辞典。他说，规律自身不能说明自身。规律存在于历史发展的过程中。不从历史发展过程的分析下手，规律是说不清楚的。研究通史的人，如果不研究个别社会、个别时代的历史，是不能写出好的通史来的。研究个别社会，就是要找出个别社会的特殊规律。把个别社会的特殊规律研究清楚了，那么整个社会的普遍规律就容易认识了。要从研究特殊中间，看出一般来，特殊规律搞不清楚，一般规律是搞不清楚的。这里，他为人们指出了一个研究和认识规律的基本方法。

关于如何研究政治经济学，他说道，我们要以生产力和生产关系的平衡和不平衡、生产关系和上层建筑的平衡和不平衡，作为纲，来研究社会主义社会的经济问题。政治经济学研究的对象是生产关系，但是要研究清楚生产关系，就必须一方面联系研究生产力，另一方面联系研究上层建筑对生产关系的积极作用和消极作用。这本书提到了国家，但没有加以研究，这是这本书的缺点之一。当然，在政治经济学的研究中，生产力和上层建筑这两方面的研究不能太发展了。生产力的研究太发展了，就成为自然科学、技术科学了；上层建筑的研究太发展了，就成为阶级斗争论、国家论了。

毛泽东说，政治经济学和唯物史观难得分家。他根据世界历史的发展进程，阐述了生产力、生产关系、上层建筑这三者之间的辩证关系。他说，从世界的历史来看，资产阶级是工业革命，不是在资产阶级建立自己的国家以前，而是在这以后；资本主义的生产关系的大发展，也不是在上层建筑革命以前，而是在这以后。都是先把上层建筑改变了，生产关系搞好了，上了轨道了，才为生产力的大发展开辟了道路，为物质基础的增强准备了条件。当然，生产关系的革命，是生产力的一定发展所引起的。但是，生产力的大发展，总是在生产关系改变以后。一切革命的历史都证明，并不是先有充分发展的新生产力，然后才改造落后的生产关系，而是要首先造成舆论，进行革命，夺取政权，才有可能消灭旧的生产关系。消灭了旧的生产关系，确立了新的生产关系，这样就为新的生产力的发展开辟了道路。这是一个重要的理论观点，从根本上说，反映了世界历史发展规律。问题在于，在运用这个理论观点指导社会实践的时候，不能以为只要不断地改变生产关系，自然而然地就能推动生产力的发展，也不能脱离生产力发展的水平对生产关系的变革提出过高过急的要求。如果这样理解，这样去做，就会出现超越历史发展阶段的情况。究竟采取什么样的生产关系才有利于生产力的发展，这要根据一个国家，一个社会，在一定历史阶段上生产力发展的实际水平和人们接受的程度。归根到底，还要经过实践的检验。

关于社会主义社会两种所有制问题，是当时毛泽东特别感兴趣，也是谈得比较多的一个问题。这也不难理解。从"大跃进"以来，他就一直在想这个事情，认为这是摆在他面前的一个现实问题。毛泽东指出，社会主义社会的全民所有制和集体所有制不能长期并存，否则"就不适应生产力的发展，不能充分满足人民生活对农业生产越来越增长的需要，不能充分满足工业对农业原料不断增长的需要。而要满足这种需要，就要把集体所有制转变为全民所有制"。他说，人民公社将来从基本队所有，经过基本社所有，转变为全民所有以后全国将出现单一的全民所有制，这会大大促进生产力的发展。如果不从基本队有制转变为基本社有制，人民公社还不能巩固，还可能垮台。从一九五八年第一次郑州会议以来，毛泽东对当时那种情况，作过一些纠正。庐山会议反右以后，又有明显的反复。他是从两个角度考虑这个问题的：一个是从有利于发展生产力的角度，认为集体经济的规模越大越有利于解放生产力；另一个是从巩固工农联盟的角度，认为在小合作社的基础上，工农联盟也是不巩固的，必须从小合作社发展到人民公社，还必须从人民公社基本队有发展到基本社有，再从社有发展到国有。毛泽东在谈话中，以喜悦的心情，说到一些地方已经提出人民公社如何先从基本队有过渡到基本社有的问题，个别地方甚至已经发生了从社有过渡到国有的问题。应当说，毛泽东在称道一些"过渡"典型时，不是一点担心也没有。一九五八年刮"共产风"的深刻教训，他是深记在心的。他既希望早一点过渡，又怕一平二调的"共产风"再度刮起。他看到浙江的一个材料，说有些公社现在又出现了一平二调的情况。他说，全国都要查查，有没有同类情况，还可能再次出现"共产风"。他反复叮嘱，我们将来实现这个转变的一个决定性的条件，是社有经济的收入占全社收入的一半以上。在转变的时候，是队共社的产，而不是社共队的产。社员在这种"共产"以后，比在这种"共产"以前有利。尽管有这些话，但毛泽东对这种"过渡"的称道一传达，事实上就助长了急于"过渡"的"左"的思想。

毛泽东特别重视在劳动生产中人与人的关系问题。这是他从1956年社会主义改造基本完成以后，特别是1958年南宁会议以来，不断强调的一个问题，逐步形成了他的一个思想特点，并且用于指导实践。读教科书时，又反复讲这个问题。他说，所有制问题基本解决以后，最重要的问题是管理问题。这方面是大有文章可做的。劳动生产中人与人的关系，是改变还是不改变，对于推进还是阻碍生产力的发展，都有直接的影响。在社会主义条件下，劳动生产中人与人之间，应当是一种什么样的关系呢？按照毛泽东的意见是：对领导人员来说，"要以普通劳动者的姿态出现，以平等态度待人"。对企业的管理来说，要"采取集中领导和群众运动相结合，工人群众、领导干部和技术人员三结合，干部参加劳动，工人参加管理等"。他还进一步指出，劳动者最大的权利是管理权，包括管理国家、管理军队、管理各种企业、管理文化教育。这些，体现了毛泽东对工人阶级和其他劳动者的权利和主人翁地位的维护和尊重，反映了毛泽东的民主观和平等观。

价值规律是经济学中十分重要的问题。毛泽东对社会主义条件下价值规律的作用是肯定的。但也有他的局限性，主要是把价值规律和计划需要割裂和对立了起来。他说："价值规律作为计划工作的工具，这是好的，但是，不能把价值规律作为计划工作主要根据。我们搞大跃进，就不是根据价值规律的要求来搞的，而是根据社会主义经济的基本规律，根据我国扩大再生产的需要来搞。如果单从价值规律的观点来看我们的大跃进，就必然得出'得不偿失'的结论，就必然把去年大办钢铁说成是无效劳动、土钢质量低、国家补贴多、经济效果差等。从局部、短期看，大办钢铁好像是吃了亏，但是从整体、长远来看，这是非常值得的。因为经过大办钢铁的运动，把我国整个经济建设的局面打开了，在全国建立了很多新的钢铁基地和其他工业的基地。这样就使我们有可能大大加快建设速度。"总之，我们是计划第一，价格第二。毛泽东用"计划第一，价格第二"来说明和解释"大跃进"的合理性，是不能说服人的，也没有经受住实践的检验，这早已被历史所证明。"大跃进"之所以受到严重挫折,一个重要原因就是因为违反了价值规律。

关于物质利益原则问题,是教科书讲得比较多的一个问题。毛泽东很不满意教科书关于这个问题的论点。他认为:教科书"把物质刺激片面化、绝对化,不把提高觉悟放在重要地位,这是很大的原则性错误"。他说:"教科书常常把物质利益的原则,一下子变成个人物质利益的原则。""他们所强调的物质利益,实际上是最近视的个人主义。"物质利益是一个重要原则,但总不是唯一的原则,总还有另外的原则,教科书中不是也常说"精神鼓励"原则吗?同时,物质利益也不能单讲个人利益、暂时利益、局部利益,还应当讲集体利益、长远利益、全局利益,应当讲个人利益服从集体利益,暂时利益服从长远利益,局部利益服从全局利益。"应当强调艰苦奋斗,强调扩大再生产,强调共产主义前途、远景,要用共产主义理想教育人民。""要兼顾国家、集体和个人,把国家利益、集体利益放在第一位,不能把个人利益放在第一位。"毛泽东这些意见,代表了当时人民所普遍崇尚和遵循的一种主要价值取向和道德准则,对思想建设起了重要作用。但也存在很大的片面性,对个人利益有所忽略。在这方面,毛泽东对教科书的批评,并不都是正确的。

毛泽东在读教科书谈话中,首次提出社会主义发展阶段论,说:社会主义这个阶段,又可分为两个阶段,第一个阶段是不发达的社会主义,第二个阶段是比较发达的社会主义。后一个阶段可能比前一个阶段需要更长的时间。把社会主义社会划分成不发达的和发达的两个阶段,是在探索符合中国实际的社会主义中得出的重要论断。这是一个科学的创见,也可以被认为是毛泽东从"大跃进"的经验教训中受到的启示。在"大跃进"和人民公社化运动高涨的时候，毛泽东以及中国共产党内许多干部曾一度认为，用不了多长时间，甚至是很快，社会主义就可以向共产主义过渡。实践打破了这种空想。过了一段时间，毛泽东便提出了这个论断。

实现四个现代化，是中国共产党在新中国成立后不久提出来的全国人民的奋斗目标，最早见于周恩来1954年在一届全国人大一次会议的《政府工作报告》中：建设起强大的现代化的工业、现代化的农业、现代化的交通运输业和现代化的国防。后来，毛泽东在1957年发表的《关于正确处理人民内部矛盾的问题》和《在全国宣传工作会议上的讲话》中，改变了这个表述，提法是，建设一个具有现代工业、现代农业和现代科学文化的社会主义国家。1958年中共八届二次会议的决议采用了毛泽东的提法。这个提法有一个优点，它不仅在物质文明建设方面，而且在精神文明建设方面，不仅对发展生产力，而且对发展文化都提出了现代化的要求。但是没有提国防现代化。（交通运输业可归入工业，因而可不单独列出。）这次毛泽东读教科书时，提出"要加上国防现代化"，这样，对"四个现代化"就形成了比较完整的表述。后来，周恩来在政府工作报告中又把其中的"科学文化现代化"改为"科学技术现代化"，一直沿用了下来。

关于战争与和平问题，毛泽东也谈了一些意见，主要有以下几点：

1959年，欧洲十几个国家共产党的会议中出现了永远消灭战争的可能性，出现了把一切物力、财力利用来为全人类服务的可能性。这种说法，没有马克思主义，没有阶级分析，没有把资产阶级和无产阶级区别开来。只要阶级斗争存在，战争总有一天不可避免。第二次世界大战以后，在全世界范围内，局部战争没有断过。美帝国主义现在的战略是，在准备大战的条件下，搞局部战争，连锁反应，一个一个地吃掉我们。这当然是不可能实现的。世界大战还是有两种可能性。即使签订了不打仗的协定，战争的可能性也还存在。帝国主义要打的时候，什么协定也不算数。至于打起来用不用原子弹、氢弹，那是另一个问题。我们是希望不打世界大战的，我们是希望和平的。争取十年、二十年的和平，是我们最早提出的主张。如果能够实现这个主张，对整个社会主义阵营，对我们的社会主义建设，都是很有利的。

这些意见代表了当时中国共产党在战争与和平问题上的基本看法。随着国际形势的发展，这个问题后来演变成为中苏论战的一个重要方面[①]。

毛泽东一生注重读马列、学马列、运用马列、发展马列的丰富笃厚的实践，给我们留下宝贵的经验与启示。毛泽东学习马列著作的思想和实践、精神和方法，最重要的就是要紧密联系实际，一切从实际出发。学是为了用，学了就要用，在实践中学，在实践中用，用理论指导实践，用思想指导行动，坚持理论与实践相统一的原则，这就是毛泽东学习马列著作留给我们最基本的经验和最重要的启示。

[①] 以上有关引文均摘自《毛泽东读社会主义政治经济学批注和谈话》，中华人民共和国国史学会 1998 年 1 月印。

（五）毛泽东是怎样密切联系实际读"二十四史"的

密切联系实际读"二十四史"，是毛泽东读历史书籍的一大特色。毛泽东读"二十四史"总是密切联系革命斗争的实际、社会实际、工作实际、思想实际。他读"二十四史"，常常把历史上的人和事、把书中记载的典章、制度等，与当今的实际联系在一起，把他读书时的所思所想写下来。从他的许多批注中，我们可以看到：他读"二十四史"，很多时候仿佛是在与古人面对面交流、交谈。对古人的话、过去的事、史书的记载，字字句句，他都入心入脑，用心思考，有感即发，有想即批，有话即写。对古人的话，有赞同、称颂的，也有不赞成的；有表扬的，也有批评的。这里，笔者向读者介绍毛泽东读《新唐书·徐有功传》《南史·韦睿传》写下的有关的批注及其相关的情况。

毛泽东读《新唐书》卷一百一十三《徐有功传》第 7 页在书的天头上用黑铅笔写的批语是："命系庖厨，何足惜哉，此言不当。岳飞、文天祥、曾静、戴名世、瞿秋白、方志敏、邓演达、杨虎城、闻一多诸辈，以身殉志，不亦伟乎！"

据《旧唐书》《新唐书》记载，徐有功是唐朝武则天称帝时的执法大臣。翻开毛泽东读过的《旧唐书》《新唐书》，我们可以清晰地看到：毛泽东十分爱读徐有功传。在《新唐书》的封面上，有毛泽东用铅笔写的目录，"徐有功传"四个字下还画了曲线。他对这两部史书中记载的《徐有功传》，几乎是逐字逐句阅读的。对书中称赞徐有功"为政宽仁，不行杖罚"；"为政宽仁，不行杖罚"两处文字旁都逐字划了旁圈，后者还在句末划了一个大圈套着一个小圈,天头上连划三个大圈套小圈。传记中有关徐有功秉公执法,不徇私情的许多事迹,毛泽东多有圈画、圈点。

书中记载:武则天称帝后,惧怕大臣不服和谋反,信用酷吏佞臣周兴、来俊臣等人,重赏鼓励告密者。一时冤狱遍起,人人震恐,莫敢正言。徐有功无所畏惧,"数犯颜争任直,后厉语折抑,有功争益牢"。毛泽东在《新唐书》的这一段文字旁,逐字画上圈,句末画了小圈套大圈。

润州刺史窦孝谌妻庞氏,被诬陷判死。徐有功了解到庞氏无罪,为之申辩,而自己却被判庞氏死刑的人所弹劾,说他包庇罪人,应获死罪。有人哭着把这个消息告诉他,"有功曰:'岂吾独死,而诸人长不死耶?'安步去"。毛泽东在两篇传记文字旁逐字划了圈,每句末都划了小圈外套大圈,还在其中一篇传记的天头上划着三个大圈。

博州刺史琅琊王李冲谋反,颜余庆被诬陷为同党,来俊臣等先判颜流放,后又判颜死刑,并经武则天批准。徐有功据理为颜余庆辩护,说他是支党,不是魁首,罪不该死。他批评武则天:"今以支为首,是以生入死。赦而复罪,不如勿赦;生而复杀,不如勿生。窃谓朝廷不当尔。"武则天大怒,问:"何为魁首?"徐有功答:"魁者,大帅;首者,元谋"。最后,武则天被他说服,"遂免死"。当徐有功和盛怒的武则天争辩时,"左右及卫仗在廷陛者数百人,皆缩项不敢息。而有功气定言祥,截然不桡"。毛泽东在这一段文字后都画了两个圈,有的逐字圈画,天头上画着三个圈。

徐有功执法不徇私情。皇甫文备曾诬陷徐有功"纵逆党",并将他逮捕入狱。后来,皇甫文备又被别人诬陷入了狱。徐有功为他往来奔走，澄清事实，营救其出狱。有人问徐有功：皇甫文备曾陷你于死地，为什么还要救他。徐有功回答说："尔所言者私忿；我所守者公法。不可以私害公。"毛泽东在这段文字旁逐字画了圈，句末甚至画了两个圈。

《新唐书》中赞扬徐有功，说他"尝谓所亲曰：'大理，人命所系，不可阿旨诡辞，以求苟免。'故有功为狱，常持平守正，以执据冤罔。凡三坐大辟，将死，泰然不忧；赦之，亦不喜。后以此重之。所全活者甚众，酷吏为少衰"。毛泽东在"凡三坐大辟……后以此重之"这一段文字旁，逐字画了圈，天头上还画了三个大圈。

在《旧唐书》作者刘昫和《新唐书》作者欧阳修的笔下，徐有功是很值得称颂的。毛泽东读徐有功传，在许多文字旁边画上了圈、三角、叉等标记。

毛泽东读《新唐书·徐有功传》时，在读到"臣闻鹿走山林而命系庖厨者，势固自然。陛下以法官用臣，臣守正行法，必坐此死矣"。（这段话的意思是说，生活在山林的鹿，很难逃脱被猎杀，成为人们厨房里俎头肉的命运。徐有功以鹿自喻，预见到自己必然为守法护法而死于非命的悲惨命运。）毛泽东在这段文字每个字旁边都画了三角标记，在天头上写了以上那条长长的批注。

毛泽东在批注中说到的岳飞，是南宋时抗金英雄，为主和派秦桧诬陷杀害；文天祥，南宋时的文学家、政治家，在抗元战争中，为叛徒引兵击败，被俘，坚贞不屈，惨遭杀害；曾静，清研究程朱理学的学者，因策动反清被杀害；戴名世，清史学家，因著有《南山集》《孑遗录》造成文字狱，被杀；瞿秋白，中国共产党早期领导人,被国民党杀害;方志敏,赣东北革命根据地和中国工农红军第十军创始人之一,被国民党杀害;邓演达,国民党左派,被蒋介石秘密处死;杨虎城,西北军领导人之一和西安事变主要发动人之一,在新中国成立前夕,被国民党秘密杀害;闻一多,著名诗人、教授,抗日战争胜利后,1946年因反对国民党发动内战,支持进步学生运动,被国民党特务杀害。

毛泽东的这条批注中提到的历史人物时空跨越两千多年,从唐朝的徐有功谈死,联想到封建社会里的民族英雄、杰出的政治家、著名学者;民主革命时期的爱国将领、诗人、教授;新民主主义革命时期的无产阶级革命家等,在毛泽东看来,他们都是为正义、为真理、为信仰而死,为人民的利益而死,他们死得其所,永垂不朽!

毛泽东在读《南史·韦睿传》卷五十八列传四十八第1—7面时,用黑铅笔在第6面天头上写下了"我党干部应学韦睿作风"。韦睿有何绩何功何德何才?毛泽东在这里为什么强调我党干部应学韦睿作风?学韦睿什么作风?

韦睿是南朝梁武帝当政时的名将。书中记载:他"多建策,皆见用",作战能攻善守,有智有谋,英勇果断,打仗时能亲临战场,实地躬身调查研究,讲究战略战术,敢以数万敌百万;品德谦虚,不谋私利,豁达大度,团结干部,关爱士兵,以身作则,作风务实等品质和表现,深得梁武帝的器重。他是梁武帝征讨四方、平定天下的有力助手。毛泽东在读史过程中对这位将才、良才推崇备至,称赞连连。

下面,我们就来看看毛泽东生前读《南史·韦睿传》时所作的圈画、所写的批注。

翻开毛泽东生前读过的《南史·韦睿传》,首先映入眼帘的是毛泽东在该传开始文字的天头上画的又粗又重的四个圈,写下的"梁将韦睿传"五个大字。全传毛泽东读过多遍,批划、圈点浓密,批注达25处之多,有些批注中还加了旁圈、套圈、单圈。此种很少见的读书圈画、批注,足以表明毛泽东对韦睿的肯定、赞扬是多方面的。

作者李延寿在书中写道:韦睿"性慈爱,抚孤兄子过于己子,历官所得禄赐,皆散之亲故,家无余财"。毛泽东阅读时在此段文字旁逐字加了旁圈,写下了"仁者必有勇"的赞语。作者在此传中又写道:天监四年(公元505年)韦睿攻克合肥时,"俘获万余,所获军实,无所私焉"。毛泽东逐字旁圈,提笔写下了"不贪财"三个字的批语。

李延寿在韦睿传中写道:"雅有旷业之度,苞人以惠爱为本,所居必有政绩。将兵仁爱,士卒营幕未立,终不肯舍,并灶未成,亦不先食。"毛泽东对这段话逐字旁圈,对韦睿统兵打仗能身先士卒,以身作则,关爱士兵,关心将士生活的优良作风,很为赞赏,欣然提笔写下了"我党干部应学韦睿作风"的批注。

《韦睿传》记载:在攻打合肥的战斗中,身体素来羸弱的韦睿,每战都不曾骑马,而是坐在木板车上督励将士杀敌。毛泽东在读到这段文字时还写了"将在前线"四字批注。在读到"魏军凿堤,睿与争"时,毛泽东又批写了"将在前线"四个字。毛泽东对书上的这两处文字,逐字加了旁圈。作者李延寿在《韦睿传》中还写道:"睿每昼接客旅,夜算军书,三更起,张灯达曙,抚循其众,常如不及,故投募之士争归之。所至顿舍修立,馆宇藩篱墉壁皆应准绳。"毛泽东在这段文字旁逐字加圈，写下了"谦劳君子"称赞性的批注。

毛泽东在读到《韦睿传》中记载的梁武帝天监四年，韦睿都督众军攻魏。他派人攻打魏的小岘城，久攻不破，亲临城下巡视。正在这时，魏兵数百人突然出击，随行诸将都建议回去调兵，韦睿不同意，坚决迎战后，一鼓攻下小岘城。毛泽东在"睿巡行围栅"五个字旁分别画了圈，在天头上还画了三个大圈，并用铅笔在天头上写下批注："躬自调查研究。"

似乎对此批注称赞韦睿作风还觉得不够突出，毛泽东又在其批注中的"躬自"两个字旁边加了旁圈，以加重"躬自"在调查研究中的重要性。在"魏城中忽出数百人陈于门外，睿欲击之"处字字画上旁圈，并写了批注："以众击少"。韦睿说："魏城中二千余人，闭门坚守，足以自保。今无故出入于外，必其骁勇，若能挫之，其城自拔。"毛泽东在"今无故出人于外"七字旁逐字加旁圈，天头上还画了三个圈。批注了四个字："机不可失"。当时，韦睿的将领们很犹豫，韦睿执军令如山，指其节曰："朝廷授此，非以为饰，韦睿之法，不可犯也。"毛泽东在韦睿的话旁逐字旁圈，并批注了"决心"两个字。

一鼓攻下小岘城之后，韦睿接着派人进攻魏占领的合肥，也是久攻不能下。韦睿到后，"案行山川"。毛泽东在"案行山川"四字旁分别画了圈，在此话天头上画了三个大圈，并又一次写下批注："躬自调查研究。"在"躬自"两字旁还加了双圈，"调查研究"四字旁加了单圈。两处两次批注，说明毛泽东对韦睿能亲临战场实地调查研究之风是非常赞同，非常赏识。书中写道，韦睿在实地调查研究之后，于淝水修筑堤堰，舟舰通行。魏军本来在合肥的东西两侧，分别修筑两座城垒加以掩护，韦睿先攻这两侧，魏兵增援五万，众将很害怕，请韦睿派兵，韦不同意。他说："贼已至城下，方复求军。且吾求济师，彼亦征众。'师克在和'，古人之义也。"在他的号令下，众将士奋力作战，因而获胜。毛泽东读了这段话后加以旁圈，写的批注是："以少击众"。当淝水堤堰修成时，韦睿派人驻守，后被魏军攻陷，逼近韦睿驻地，诸将劝他退避，他非常生气，说："'将军死绥，有前无却'因令取伞扇麾幢，树之堤下，示无动志"。毛泽东在这句话旁又加圈，又写了"以少击众"四个字的批注。写了"以少击众"，还在这四字旁逐字画旁圈，表明他对韦睿临危不惧，胆识过人的又一次赞赏。

作者在书中还写道：面对众多人数的魏军，梁武帝先派曹景宗去解围，曹景宗到邵阳洲后，"筑垒相守，未敢进"。继派韦睿增援。韦睿率部昼夜兼程，部属看到魏军人多，劝他缓行。他说："'钟离今凿穴而处，负户而汲，车驰卒奔，犹恐其后，而况缓乎。'旬日而至邵阳。"毛泽东读完韦睿的这段话，写的批注是："敢以数万敌百万，有刘秀、周瑜之风。"

此类批注毛泽东在读《韦睿传》中还写有不少，这里不再一一列举。

从读史中从古人联想到当今的我党干部队伍的实际，联想到干部深入实际躬身调查研究，联想到我党干部的作风，并要今人学古人，强调"我党干部应学韦睿作风"，这就是毛泽东联系实际读书、联系实际读"二十四史"的一个独到之处。

毛泽东在读"二十四史"过程中，类似这样联系实际的批注还有很多，在本人写的另一本《毛泽东是怎样读二十四史的》一书中还有详细的介绍，这里就不再做过多的说明了。

四 学毛泽东"不动笔墨不看书"

"不动笔墨不看书",是毛泽东从青年时代到其生命最后岁月始终孜孜践行的一种读书习惯,也是他一生中始终不渝、从不懈怠的一种读书方法。

(一)牢记徐特立老师的教诲,并践行于自己一生的读书生活实践中

"不动笔墨不看书",是源自徐特立老师的教诲。徐特立不管读什么书,都是要做笔记的。他认为"绩学之士,读书必有剳记,以记所得著所疑。记所得则要领明矣,著所疑则启他日读书参证之途矣"[①]。徐特立作笔记的形式是多种多样的。他强调说:"好脑筋不如乱笔头"。

毛泽东在湖南第一师范求学时,他曾和蔡和森、肖子升、周世钊等同学常常去徐特立家,向老师求教。徐特立总是告诫他们:"我认为读书要守一个'少'字诀,不怕书看得少,但必须看懂,看透。要通过自己的思考来估量书籍的价值,要用笔标记书中要点,要在书眉上写出自己的意见和感想,要用一个

---

① 《徐特立文集》,湖南人民出版社1980年版,第3页。

像毛泽东那样读书

本子摘抄书中精彩的地方。总之，我是坚持不动笔墨不看书的。这样的读书虽然进程慢一点，但读一句算一句，读一本算一本，不但能记牢，而且懂得透彻，效果自然比贪多图快好。"[1] 这些教导的话，是老师的治学经验之谈。毛泽东把它牢牢地记在心里。在湖南第一师范求学的五年中，他刻苦读书，勤做笔记。读书笔记就装满好几网篮。毛泽东青年时期结交的朋友罗章龙在回忆文章中这样写道：

> 通过和毛润之的接触、交谈，我知道他写了很多的笔记，有的是课堂上写的，有的是自学看书写的，有的是他和友人来往的记录，还有的是来信和他作的诗，内容很丰富，有若干本，字写的很挤，改动很多。另外，他看书爱加批注，打记号，每本书看下来他都打记号。由于习惯，有时借别人的书看了也加批注，最后不好意思地向原书的主人道歉。他的目的在于批判地接受，他认为好的，就写上自己的感受，不妥的他就批上自己的看法。我记得他将这些笔记都放在一个大网篮里。我们谈话时也将彼此的笔记诗文交换着看，他看到好的就在他的笔记本上记下来，他看到不以为然的就在下次交谈中提出来讨论。他谈问题从来不泛泛而论。他对好朋友从来不隐瞒自己的观点。他做学问很扎实，很认真，现在回想起来也是非常可贵的。[2]

---

[1] 《徐特立传》，湖南人民出版社1980年版，第45页。
[2] 《新民学会资料》，人民出版社1989年版，第500页。

青年毛泽东的读书笔记主要有三种：一是重要的文章摘录本或手抄本；二是课堂笔记；三是课后自学笔记。

在第一师范五年半的时间内，毛泽东写了《讲堂录》《读书录》《随感录》《日记》、一些著作的批语与手抄本等不少笔记。这些读书笔记是辛勤劳动的成果，毛泽东非常爱惜。毕业后随身带到船山学社，带到清水塘，后来又带回韶山老家。1927年大革命失败之后，他的族人为防止反动派的迫害，把他放在家中的全部书籍、日记和笔记本搬到屋后的山里烧毁了。有一位同族的老先生，从灰烬中抢救出两本教科书和一本读书笔记，一直珍藏到新中国成立以后。

几十年里，毛泽东每阅读一本书、一篇文章，都要在重要的地方画上竖线、横线、曲线、斜线、三角、方框、问号和圈、点、勾、叉等各种符号作标记，在书眉和空白的地方写上了许多批语。有时还把书、文中精彩的章节和语句摘录下来或随时写下读书笔记或心得体会。有的书他反复读过多次，每读一次就用一种颜色的笔在上面加一次圈点、勾画，写一次批语。中南海毛泽东故居收存的毛泽东生前阅读的书籍中，就有许多是他批画过的书，其中许多书上都是朱墨纷呈，批语、圈点，勾画满书。

这些笔记、批注、批画，是毛泽东读书时头脑活动、思考的真实记录，也是他和作者思想认识、观点、想法、看法、感情的互动与交流。毛泽东读书时，身边、手边不能没有笔，大多用墨笔，后来逐渐改用铅笔包括黑铅笔、蓝铅笔、红铅笔、粗黑铅笔、粗红铅笔。最后几年读书几乎用的都是粗黑铅笔或粗红铅笔，读书用墨笔就很少了。毛泽东在读书时常常写的批注文字是一个字："好"，两个字："略好""不错""有理"，或者连着画上几个圈。使人形象地感觉到,他读书时深入角色,和作者有一种强烈的感情共鸣。在存疑的地方和不同意的地方,常常批着:"可疑""可以争论""废话""不可信",等等。至于长达一两千字的一条批注,常常是联系中国革命实际斗争和经济建设的经验、挫折、教训等,表达他自己的认识、见解和想法及看法。"学而不思,则罔",毛泽东的批语、注,充分反映了他读书时的用心、用脑及其积极的思维活动。

在毛泽东身边服务工作过的同志都能看到,他卧室床头桌上、办公桌上、卧室外间会客室的茶几上总是习惯放着些由服务工作人员削好的铅笔,有红铅笔、蓝铅笔、黑铅笔。他画的符号有:△、?、○、—、×、√、□、=、≡,这些符号的具体含义他自己是心中有数的。我们理解这些符号往往反映他在读书中的某种意图和倾向,他对某个观念的怀疑与反对,深思与不解。毛泽东在书上画的问号尤其多,有的一页之上多达四五个,有的问号已被他用短斜线划去,这表示后来已理解或肯定了书上的说法。这些特殊的符号和各种批注的文字是很重要的,它是毛泽东读书过程中最真实的思维活动、思想情感和理性思考的记录,是值得我们认真研究、认真对待的。

(二)走上革命道路,担任领导岗位之后,毛泽东主张读书学习"要写笔记"

1942年4月20日,毛泽东在中央学习组会议上的报告中在讲到读书学习"要写笔记"的问题时说:中宣部那个决定上说要写笔记,党员有服从党的决定的义务,决定规定要写笔记,就得写笔记。你说我不写笔记,那可不行,身为党员,铁的纪律就非执行不可。孙行者头上套的箍是金的,列宁论共产党的纪律说纪律是铁的,比孙行者的金箍还厉害,还硬,这是上了书的。《共产主义运动中的"左派"幼稚病》上就有。我们的"紧箍咒"里面有一句叫做"写笔记",我们大家就都要写,我也要写一点。斯大林的十二条,不写一点笔记就研究不清楚。不管文化人也好,"武化人"也好,男人也好,女人也好,新干部也好,老干部也好,学校也好,机关也好,都要写笔记。首先首长要写,班长、小组长都要写,一定要写,还要检查笔记。看文件一定要动手写笔记,现在已经有许多同志动手写了笔记,有许多在过去犯过错误的同志写了笔记。我们说犯了错误不要紧,只要认识自己犯的错误,并且能改正,这就很好,就是很好的同志。现在一些犯过错误的同志在写笔记,这是很好的现象,犯了错误还要装老太爷那就不行。过去有功劳的也要写笔记,不要把功劳变成一个包袱背在背上,一切都不在乎,这样,只会把功劳变成一种很重的负担。也许有人说,我功劳甚大,写什么笔记。那不行,功劳再大也得写笔记。也许又有人说,我天文地理都懂得,三角几何都晓得,看这么几个文件还用得了三个月,我三天就看完了。还有人说,这算什么,我不用看也可以考。

针对这些现状,毛泽东继续说:"刚刚读了几年书的青年,就神气成那样,说什么三天可以读完,不看也可以考,不需要学两个月三个月。又有人说什么自己走过了二万五千里三万五千里,还学什么,我说走的再多也不行。水手是世界上游历最广的人,天天都在走,周游全球,但单是走不写笔记,经验就总结不起来。"①

毛泽东在延安的时候，有一次在中央党校校务会上讲到读书问题时对大家说：读书要粗读，有个大概的印象，然后是复读，重温一下重要章节，也叫精读。在这个基础上，再写点读书笔记，问几个为什么，联系实际思考一下周围的事情。这样才能防止教条主义和本本主义。②

（三）早年读《伦理学原理》作批注、圈画简单情况

我们知道，中南海毛泽东故居里现存的毛泽东生前阅读批注、圈画过的书，有青年时期读批过的，有革命战争年代和延安时期读批过的，大部分都是新中国成立以后读批过的。其中保存最完好、最早的一本是他 1917 年至 1918 年在湖南第一师范上学时阅读批注的《伦理学原理》③。这本书原文只有 10 万多字，而毛泽东在这本书上用毛笔写的批语和提要就有 12100 多字。全书从头至尾逐字逐句都用毛笔画了圈点、单杠、双杠、三角、叉等符号。这是现存的毛主席阅批字数较多的一本书。批注本距今虽已 100 多年，批注文字依然完整无损、非常清楚。从这些书写字迹的字里行间，我们不难看出毛泽东当年的学习是何等的勤奋和刻苦啊！这本批注的《伦理学原理》是研究毛泽东早期的哲学思想、研究伦理学在我国发展历史的极其宝贵

---

① 《毛泽东文集》第 2 卷，人民出版社 1993 年版，第 416—417 页。
② 穰明德：《毛泽东要求我们多读书》，《人民日报》1983 年 12 月 14 日。
③ 〔德〕泡尔生著，蔡元培译：《伦理学原理》，商务印书馆 1913 年版。

的资料。

毛泽东阅批的这本《伦理学原理》，在他移居长沙清水塘时，曾被一个同学借去。直到1950年，这位同学才托周世钊先生将这本书带还给毛泽东。

《伦理学原理》一书，是杨开慧的父亲杨昌济先生极力向毛泽东推介的。毛泽东见到书后兴趣极浓，钻研尤深。全书的每字每句，几乎都用墨笔加上圈点、单杠、双杠、三角、叉等符号。在这本书的所有空白处，他共写下150多条批注，有表示赞成的，如"此语与吾意大合""此语甚切""此语甚精""切论"；有表示反对或怀疑的，如"此不然""此节不当""此处又使予怀疑""此说终觉不完满"等。批注的墨迹，有两种以至三种的，有些是对以前所写批注加以批判或补充。为能充分表达自己的见解，有的批注长达800多字。

毛泽东在《伦理学原理》一书中的批注绝大部分是阐述自己的伦理观、历史观和世界观。其中许多地方是联系中国的历史和五四前夕的国事和社会思潮，进行分析对比，综合研究所阐发出来的独特而深刻的见解。由于历史和本身思想的局限，并不是所有的批注都正确，但这些批注却处处充满着追求真理和改革国家社会的精神。如在该书106页第四章第一段，原文为"世界一切之事业及文明，固无不起于抵抗决胜也。夫吾等所居之世界，所以异于仙境者，正以有各种抵抗，因而有与此抵抗相应之动作"。毛泽东对原书的这一辩证观点极表赞同，他用豪放的诗的语言在这句话的上面批语："河出潼关，因有太华抵抗，而水力益增其奔猛；风回三峡，因有巫山为隔，而风力益增其怒号。"但当原书接着说："盖人类势力之增，与外界抵抗之减。其效本同。"批语又马上表示异议，"道高一尺，魔高一丈"，自然斗争，社会斗争无不如此，"此不然，盖人类之势力增加，外界之抵抗力亦增加。有大势力者，又有大抵抗在前也。""大抵抗对于有大势力者，其必要亦如普通抵抗之对于普通人。如西大陆新地之对于科伦布，洪水之对于禹，欧洲各邦群起而围巴黎之对于拿破仑之战胜是也。"可见，青年毛泽东写批注钻研之深。

（四）在延安岁月里读《辩证法唯物论教程》等哲学书的批注、圈画简单情况

在延安的艰苦岁月中，毛泽东工作异常繁忙，但他还是争分夺秒地阅读、批注了大量的马列著作和其他政治、经济、哲学、历史、文学、军事以及一些自然科学书刊。批阅较多的马列著作有《共产党宣言》《资本论》《列宁选集》《列宁关于辩证法的笔记》《哥达纲领批判》《国家与革命》《斯大林选集》等。这些著作，毛泽东都反复研读，许多章节段落都作了批注和勾画。阅批较多的哲学著作就有十几种，其中《辩证法唯物论教程》有两种版本①的批注文字最多。这部论著的两个版本，毛泽东从 1936 年 11 月至 1937 年 4 月，仅半年的时间，就用毛笔、红、蓝、黑铅笔在书眉和空白的地方写下了 12000 多字的批语。除批注文字外，在书的原文中毛泽东还分别画了直线、曲线、

---

① 〔苏联〕西洛可夫、爱森堡等著，李达、雷仲坚合译：《辩证法唯物论教程》，上海笔耕堂 1935 年版，1936 年版。

曲线加直线、二直线、三直线、圈点、双圈、三圈等符号。其中1935年6月的版本，从头至尾都作了批注、圈点和勾画。这部书的第三章"辩证法的根本法则"批注文字最多，最长的一段批注文字有1200多字。"绪论"和其余各章亦有不少的批注文字。所有的批注文字都是用隽秀的行草字体书写的，字迹俊逸清新，书写流畅，令人景仰。与其说是读书批注，不如说是行书书法作品，对研究毛泽东的书法艺术也有极重要的参考价值。

毛泽东对《辩证法唯物论教程》的批注文字绝大部分是阐述自己的辩证唯物主义和历史唯物主义的哲学观点以及对原著的引申和批判，也有一些是对原著的简要赞同语和章、段、节的提要。例如："此例很好""说得很对""对""至理名言""此例不甚清""这种说法是不对的"，等等。还有不少地方是联系中外历史和当时中国抗日战争的实际，进行分析对比得出的结论，总结中国革命斗争的经验教训等。在这些批语中，还提出了一些在当时的历史条件下有重要价值的政治问题和哲学观点。许多哲学命题，可以说是马列主义唯物论辩证法的新发展。这些对研究毛泽东哲学思想的发展和抗日战争的战略思想等都有着重要的价值，是马列主义、毛泽东思想宝库中的一份极其珍贵的文献。

在解放战争时期和新中国成立以后的岁月中，毛泽东仍保持读书手中不离笔的习惯，以钉钉子精神刻苦地钻研马列著作和其他书刊。1948年4月，我军正处于同国民党军队进行战略大决战的前夜，为了克服革命队伍内部存在的无纪律状态和无政府状态，保证革命战争的彻底胜利，毛泽东重读《"左派"幼稚病》第二章"布尔什维克成功的基本条件之一",并在书的封面上写了一个批语:"请同志们看此书的第二章,使同志们懂得,必须消灭现在我们工作中的某些严重的无纪律状态或无政府状态。毛泽东1948年4月21日。"中宣部在6月1日发出毛泽东这一指示,要求全党学习《"左派"幼稚病》第二章。

(五) 圈画最多的是读辛弃疾的词作

说到毛泽东在新中国成立之后"不动笔墨不看书"的事,笔者在这里着重再介绍毛泽东读辛弃疾的词作和罗隐诗作的一些情况。

我国古典文学中的词作,也是毛泽东生前很为喜爱的,是读了又读,读而不倦的。

我们从毛泽东生前阅读批注圈画过的书籍中看到,我国著名词人的词作,例如:苏轼、李清照、岳飞、陆游、张孝祥、张元干、秦少游、萨都剌等,毛泽东几乎都读过、都圈画过。读得最多、圈画最多的是南宋伟大的爱国主义词人辛弃疾的词。辛弃疾号稼轩,他是我国开一代词风的伟大词人,也是一位能征善战、熟稔军事的民族英雄。他的词作"大声镗鞳,小声铿鍧,横绝六合,扫空万古,自有苍生所未见",已成为中国文学史上的瑰宝。古人曾有人这样赞美他:稼轩者,人中之杰,词中之龙。我国当代文豪郭沫若曾为辛弃疾之墓撰写挽联:"铁板铜琶继东坡高唱大江东去,美芹悲黍冀南宋莫随鸿雁南飞。"这是对辛弃疾词的风格与价值最有见地的评价。正因为如此,毛泽东对辛弃疾别具风格的词才爱不释手,读了又读,圈了又圈,画了又画。对辛弃疾词作中的"金戈铁马，气吞万里如虎"的英雄气概，毛泽东是很为赞赏的。

毛泽东晚年是怎样读、怎样圈画辛弃疾的词的？下面，就将我们在服务工作过程中的所见所闻一一介绍给读者。

中南海毛泽东故居藏书中，中国古典词作种类很多，版本很多。《词综》就有五种以上不同的版本。1974年年初之后，毛泽东白内障眼疾越来越严重，看书看报越来越不清楚了。在这种情况下，他老人家还要看《词综》。原来他老人家看过的两种线装《词综》，字都比较小，我们把它影印放大。一种放在他游泳池住地的卧室里，一种放在游泳池住地的会客厅里。这两种《词综》里的辛弃疾的词，毛泽东都多次阅读圈画过。辛弃疾年轻时参加过抗金义军，他也曾多次上书建议抗金。当朝统治者对他的上书建议，不但只字不理，而且还打击迫害他，致使他长期丢职闲居。理想、抱负都不能实现，满怀雄心大志不被人重视，所以他郁郁终生、苦闷不已。辛弃疾的词作，有相当数量是抒发他对往日战斗生活的怀念和大志抱负不能实现的苦闷心情。我们从会客厅里的这部《词综》里看到，辛弃疾的这些词，毛泽东都作了圈画。其中有一首词《破阵子·为陈同父赋壮词以寄之》，词中写道："醉里挑灯看剑，梦回吹角连营。八百里分麾下炙，五十弦翻塞外声，沙场秋点兵。马作的卢飞快，弓如霹雳弦惊。了却君王天下事，赢得生前身后名。可怜白发生。"陈同父就是陈亮，他是辛弃疾志同道同的好朋友。词的字里行间反映了辛弃疾昔日的思绪情感。毛泽东在这首词的天头上用黑铅笔重重地画了一个大圈。另一首词《水调歌头·舟次扬州和杨济翁、周显先韵》："落日塞尘起，胡骑猎清秋。汉家组练十万,列舰耸层楼。谁道投鞭飞渡?忆昔鸣髇血污,风雨佛狸愁。季子正年少,匹马黑貂裘。今老矣,搔白首,过扬州。倦游欲去江上,手种桔千头。二客东南名胜,万卷诗书事业,尝试与君谋。莫射南山虎,直觅富平侯。"毛泽东也爱读。在这首词标题的天头上,毛泽东用黑铅笔画了一个大圈作为标记。毛泽东在读词过程中不仅非常用心地理解词意和词的创作艺术,而且还很认真地把书上印错的字改正过来。如上述词中的"列舰耸层楼"一句中的"舰"字,书上错印成"槛"字,毛泽东在阅读中就用黑铅笔把它改正过来了。这是毛泽东在读书中的一贯做法。

在服务工作过程中,我们还看到辛弃疾的另一本著作,书名是《稼轩长短句》,是中华书局 1959 年影印出版的。这部书一共是四个分册。每一分册的封面上,毛泽东都用粗红铅笔画上了圈。这个圈一方面说明他读过了这一册,另一方面也说明他喜爱读这一册中的词。翻开这部书,我们粗略地数了一下,毛泽东先后在 60 多首的标题上画了圈。书中画圈、点、曲线、粗线的地方很多,有的是用黑铅笔圈点勾画的,有的是用红铅笔圈画的。不同的笔迹,说明是读过多遍的,是十分喜爱的。

我们知道,辛弃疾有两首词是毛泽东很为喜爱的。一首是《永遇乐·京口北固亭怀古》。原词是:"千古江山,英雄无觅孙仲谋处。舞榭歌台,风流总被雨打风吹去。斜阳草树,寻常巷陌,人道寄奴曾住。想当年,金戈铁马,气吞万里如虎。元嘉草草,封狼居胥,赢得仓皇北顾。四十三年,望中犹记,烽火扬州路。可堪回首,佛狸祠下,一片神鸦社鼓!凭谁问:廉颇老矣,尚能饭否?"词中的"想当年,金戈铁马,气吞万里如虎"的词句和英雄气概等，都是毛泽东尤为欣赏的词句。另一首是《南乡子·登京口北固亭有怀》。原词是："何处望神州？满眼风光北固楼。千古兴亡多少事？悠悠。不尽长江滚滚流。年少万兜鍪，坐断东南战未休。天下英雄谁敌手？曹刘。生子当如孙仲谋。"这首词，毛泽东非常喜爱，中南海故居里存放的多种词作，这首词毛泽东作过重点圈画。不仅读得多、记得牢，他还经常挥毫书写，一字不差。书写时，常常口里小声背诵，手中疾书，情感真挚，精神抖擞，流畅自如。说到毛泽东喜爱辛弃疾这首词，还有这样一段故事：1957年3月，在一次由南京飞往上海的途中，当飞机飞临镇江上空时，毛泽东兴致盎然，提笔蘸墨，书写《南乡子·登京口北固亭有怀》，一边书写，一边向同行的工作人员解释这首词的意义和词中所提到的典故。据史书记载，历史上京口北固亭就在现今镇江的东北，京口曾是三国时期吴国孙权建都的地方。

毛泽东不仅爱读、爱背诵、爱书写辛弃疾上述《南乡子·登京口北固亭有怀》这首词，还爱书写辛弃疾《菩萨蛮·书江西造口壁》《摸鱼儿》《贺新郎·别茂嘉十二弟》等词作。毛泽东书写的辛弃疾的词作墨宝都收印在《毛泽东手书古诗词选》一书中。

辛弃疾的词作中，还有一些是抒发感情的，有的写得很细腻、优美、动人。毛泽东对辛弃疾这些词作也爱读，也有圈画。如《太常引·建康中秋夜为吕叔潜赋》这首词："一轮秋影转金波。飞镜又重磨。把酒问姮娥：被白发、欺人奈何。乘风好去，长空万里，直下看山河。斫去桂婆娑。人道是、清光更多。"这首词，毛泽东先后读过多遍，也有圈画，在书的天头上还画了一个大圈。辛弃疾还有一首词，叫《木兰花慢》，词前作者写了一段小序："中秋饮酒将旦，客谓前人诗词有赋待月，无送月者，因用《天问》体赋。"词是这样写的："可怜今夕月，向何处、去悠悠。是别有人间，那边才见，光影东头。是天外空汗漫，但长风、浩荡送中秋。飞镜无根谁系。姮娥不嫁谁留。谓经海底问无由。恍惚使人愁。怕万里长鲸，纵横触破，玉殿琼楼。虾蟆故堪浴水，问云何、玉兔解沉浮。若道都齐无恙，云何渐渐如钩。"我们看到，毛泽东读这首词时，对前面的小序每句话都圈点，在词中的每个疑问句后，都画了一个大大的问号，在词的标题前用黑铅笔连画了三个大圈。从圈画中可以看出，毛泽东读这首词时，对词作者在七百多年前就这样缜密地观察月亮升落、旋转的自然景象，是非常欣赏的，对作者这种丰富的想象是很称赞的。直到1964年8月，毛泽东在和周培源、于光远两位同志谈哲学问题时，还提到辛弃疾这首词，他认为辛词和晋朝人张华《励志诗》中的诗句："太仪斡运，天回地游"，都包含着地圆的含义。这也是毛泽东爱读辛词的一个方面的原因。

毛泽东读诗读词，不仅在欣赏诗、词的艺术性，而且更欣赏诗人、词人丰富的想象力和浪漫豪放的情怀及其辩证的思维。中国古代的词作，大致分为婉约、豪放两派。应当怎样去读，怎样去看待？1957年8月1日，在《对范仲淹两首词的评注》中表明了他个人对这一问题的看法。毛泽东的评注是这样写的："词有婉约、豪放两派，各有兴会，应当兼读。读婉约派久了，厌倦了，要改读豪放派。豪放派读久了，又厌倦了，应当改读婉约派。我的兴趣偏于豪放，不废婉约。婉约派中有许多意境苍凉而又优美的词。范仲淹的上两首，介于婉约与豪放两派之间，可算中间派吧；既苍凉又优美，使人不厌读。婉约派中的一味儿女情长，豪放派中的一味铜琶铁板，读久了，都令人厌倦的。人的心情是复杂的，有所偏袒仍是复杂的。所谓复杂，就是对立统一。人的心情，经常有对立的成分，不是单一的，是可以分析的。词的婉约、豪放，在一个人读起来，有时喜欢前者，就是一例。睡不着，哼范词，写了这些。"[1] 这是毛泽东对范仲淹两首的评注，也是毛泽东关于怎样读中国古词的独特的见解。我们知道，毛泽东读古诗古词的范围非常广泛，很多的诗词他能从头至尾背诵出来。

毛泽东批注、圈画过的书籍很多很多，笔者在这里就不再一一列举。功夫不负有心人。毛泽东之所以那样知识渊博，才华出众，智慧过人，文采超人，是他长年累月、不辞劳苦、奋发勤勉地读书的结果。毛泽东这种读书动笔、手脑并用的学习方法和学而不厌、好学不倦的精神是非常值得我们永远学习的。

---

[1] 《毛泽东文集》第7卷，人民出版社1999年版，第304页。

五 学毛泽东"多视角"读书

"多视角"读书,就是从多个视角、多次去读同一部书、同一种书、同一本书的读书方法,笔者把它称为"多视角"读书方法。它是毛泽东一种独特也是他一直坚持的一种非常重要的读书方法。

我们在服务工作中知道,毛泽东读书,有些书一读就是几十年,例如《共产党宣言》等马列主义著作、"二十四史"、中国古典小说、中国古诗词曲赋、鲁迅著作等。这些书,毛泽东生前都读过多遍。他自己说过:《共产党宣言》他已读过"不下100遍";李达早年写的《社会学大纲》,他说读过10遍;《资治通鉴》,他说读过19遍;《红楼梦》,他说"至少读五遍"才有发言权等。同一部书,同一种书,同一本书,他有时间就读,有时只阅读一两段,有时一卷一卷、一篇一篇地读,有时全篇全文都读,因每次阅读的视角不同,所以每次收到的启发和收获就不同。许多的书,他老人家是常读不厌,常读不倦,常读常新,越读越有兴趣,越读越爱读。

"多视角"读书,也是毛泽东读书的一大特点。读文学书,读历史书,读哲学书,读鲁迅著作等许多的书,毛泽东都是"多视角"多次去读,从青少年一直读到老年,几十年不厌不倦。

下面就向读者介绍几种毛泽东用"多视角"方法读书的情形。

（一）从阶级斗争的视角读《红楼梦》

曹雪芹撰写的《红楼梦》，毛泽东说"至少读五遍"才有发言权。《红楼梦》与毛泽东一直相伴几十年，毛泽东到底读过多少遍？这是连他自己也是很难说清楚的。

从阶级斗争视角读《红楼梦》，这已经不是一般意义上的读小说了，它进到了读小说的更深层次。也是对读小说者提出了更高的要求。一般人读小说，只注重小说本身的人物、故事情节的描写。如果把小说中的人物、故事等内容与一定的社会统治者和被统治者联系起来，透过小说描写的字里行间看到一定的社会生活里的阶级斗争，从阶级斗争的视角来读小说，这对读者的要求也就更高了。

《红楼梦》不是直接描写封建社会农民和地主阶级的斗争的专著，它主要描写的是封建社会贾、史、王、薛"四大家族"内部的冲突及其周围生活中的各种不同性质的矛盾。曹雪芹创作这部小说时，在取材和构思上，并非是着眼于阶级斗争。但小说中众多的人物其阶级等身份也就是"奴隶主"和"奴隶"这两个对立的阶级是泾渭分明的。"四大家族"衰败过程中充满着激烈的阶级斗争，小说中也是很为明显的。正如毛泽东所说的："阶级斗争，一些阶级胜利了，一些阶级消灭了。这就是历史，这就是几千年的文明史。"[①]"在阶级社会中，每一个人都在

[①]《毛泽东选集》第4卷，人民出版社1991年版，第1487页。

一定的阶级地位中生活,各种思想无不打上阶级的烙印。"① 用阶级斗争的观点和阶级分析的方法来读《红楼梦》,这是毛泽东读《红楼梦》的又一个显著特点。

对《红楼梦》里写的阶级斗争,毛泽东多次谈及。早在井冈山时,他就说过:《红楼梦》写了两派的斗争。一派好,一派不好。贾母、王熙凤、贾政,这是一派,是不好的;贾宝玉、林黛玉、丫环,这是一派,是好的。② 在延安时,毛泽东一次与身边的同志谈读《红楼梦》时,他说:"还是要看《红楼梦》啊!那里写贪官污吏,写了皇帝王爷,写了大小地主和平民奴隶。大地主是从小地主里冒出来的,麻雀虽小五脏俱全。看了这本书就懂了什么是地主阶级,什么是封建社会。就会明白为什么要推翻它!"1954 年 3 月 10 日,毛泽东又一次对身边的工作人员说:"《红楼梦》这部书写得很好,它是讲阶级斗争的,要看五遍才能有发言权哩。"接着又说:"多少年来,很多人研究它,并没有真懂。"③ 1964 年 8 月 18 日,毛泽东在与几个哲学工作者谈话中还说:"什么人都不注意《红楼梦》的第四回,那是个总纲,还有《冷子兴演说荣国府》,《好了歌》和注。第四回《葫芦僧乱判葫芦案》,讲护官符,提到四大家族:'贾不假,白玉为堂金作马;阿房宫,三百里,住不下金陵一个史;东海缺少白玉床,龙王来请金陵王;丰年好大雪(薛),珍珠如土金如铁。'《红楼梦》写四大家族,阶级斗争激烈,几十条人命。

---

① 《毛泽东选集》第 1 卷,人民出版社 1991 年版,第 283 页。
② 《贺子珍的路》,作家出版社 1985 年版,第 115 页。
③ 张仙朋:《为了人民……》,《当代杂志》1979 年第 2 期。

统治者二十几人（有人算了说是三十三人），其他都是奴隶，三百多个，鸳鸯、司棋、尤二姐、尤三姐等等。讲历史不拿阶级斗争观点讲，就讲不通。"① 有一次，毛泽东游泳后在岸上休息，问在身边的薛焰："最近读过些什么书？你看过《红楼梦》吗？"薛焰回答说："这是一本文艺书，我是搞公安的，没有看过。"毛泽东一听，便认真地对薛焰说："搞公安就不要看？你知道里面有多少条人命案子呀！这是一部讲阶级斗争的书，应该看看，你最少要看上五遍才能搞清楚。"说到这里，毛泽东点燃一支烟，又接着说："这里面有你们学习的，书内有四大家族，知道吗？……"②

说到《红楼梦》第四回中的"护官符"和这部书中写阶级斗争的事，1973年12月21日，毛泽东在同一些部队领导同志的谈话中，说到《红楼梦》写的"真事"是政治斗争时，他又很有兴趣地把第四回的"护官符"背了一遍，引以为证。笔者还看到，毛泽东在读影印本《脂砚斋重评石头记》时，这几句话的天头上，他用黑铅笔画了三个大圈。在这几句话后："雨村……细问这门子，这四家皆连络有亲，一损皆损，一荣皆荣，扶持遮饰，俱有照应的"这一段文字旁边，他用铅笔都一一画了圈。毛泽东所以把第四回看作《红楼梦》全书的纲，大概也是因为"护官符"从一个侧面揭示了封建统治阶级维护其统治地位和统治秩序的形式和法宝，封建统治者就是利用这一法宝来剥削、欺压平民百姓，来剥夺和占有奴隶们用汗水和血泪创

---

① 《毛泽东的读书生活》，生活·读书·新知三联书店2009年版，第220页。
② 薛焰：《光辉的形象，亲切的教导》，《广州文艺》1977年第5期。

造的财富。这个"纲"最能体现作品的主题并能引导读者透过文字的表面看到问题的实质。抓住了这个"纲"就是抓住了"阶级斗争",就是抓住了作品的主题,就是等于掌握了理解整个作品的钥匙。所以,毛泽东读《红楼梦》很关注这个"纲",他与人谈《红楼梦》时谈得最多的大概也是这个"纲"。毛泽东从阶级斗争的角度来谈《红楼梦》,来理解《红楼梦》,这不能不说是毛泽东读《红楼梦》的一个独到之处。

(二)从反面教材的视角读《水浒传》

笔者知道,毛泽东读《水浒传》,如同读《红楼梦》等其他的古典小说一样,善于从不同的视角去阅读。视角不同,对事物的看法、人物的分析、问题的研究等着眼点和结果就可能不同。由于阅读的视角不同、理解不同、收效不同,所以,常读常新,百读不厌。

把《水浒传》作为反面教材来读,这也是毛泽东读《水浒传》的一个视角。毛泽东晚年在夜以继日地工作之余,在病魔缠身的最后几年的岁月中,还一遍又一遍地阅读《水浒传》。他不是为了寻求艺术的审美享受,也不是像少年时代那样追慕英雄造反的故事,而把《水浒传》作反面教材,通过阅读这部反面教材,使人们知道如何发展和保持我们已经取得的革命成果,使社会主义的红色江山千秋万代永不变色。

1975年8月13日,毛泽东与芦荻(北京大学中文系讲师,1975年5月29日到9月底,在中南海给毛泽东读书)谈《三国演义》《红楼梦》和《水浒传》等几部古典小说的时候,曾说过:"《水浒传》这部书,好就好在投降。做反面教材,使人们都知道投降派。"1974年毛泽东在武汉读《水浒传》时,对张玉凤也说过,宋江是投降派,搞修正主义。①《水浒传》中的农民起义最终失败,宋江招安投降,这是历史的必然。封建社会的历次农民起义总是以失败而告终。对于这一点,早在1939年12月,毛泽东就说过:"只是由于当时还没有新的生产力和新的生产关系,没有新的阶级力量,没有先进的政党,因而这种农民起义和农民战争得不到如同现在所有的无产阶级和共产党的正确领导,这样,使当时的农民革命总是陷于失败,总是在革命中和革命后被地主和贵族利用了去,当作他们改朝换代的工具。"②那么,中国共产党领导团结全国各族人民夺取的政权,取得的胜利,能不能不断地巩固和发展,特别是新中国成立之后,中国共产党还能不能领导团结全国各族人民沿着社会主义的康庄大道不断前进,人民已经夺取的政权还会不会丧失,中国还会不会重蹈"农民革命总是陷于失败"的历史覆辙,这是晚年的毛泽东极为关注而且一直在用心实践和思索的一个问题。在进城前夕召开的中国共产党第七届中央委员会第二次全体会议上,毛泽东饱含深情地说过:"夺取全国胜利,这只是万里长征走完了第一步。如果这一步也值得骄傲,那是比较渺小的,更值得骄傲的还在后头。在过了几十年之后来看中国人民民主革命的胜利,就会使人们感觉那好像只是一出长剧的一个短小的序幕。剧是必须从序幕开始的,但序幕还不是高潮。中国的

---

① 《毛泽东评〈水浒〉真相》,《中国青年报》1988年9月24日。
② 《毛泽东选集》第2卷,人民出版社1991年版,第625页。

革命是伟大的，但革命以后的路程更长，工作更伟大，更艰苦。这一点现在就必须向党内讲明白，务必使同志们继续地保持谦虚、谨慎、不骄、不躁的作风，务必使同志们继续地保持艰苦奋斗的作风。"① 这段话，在 20 世纪 50 年代和 60 年代曾一直鼓舞着中国共产党人和中国人民不断地前进。那么，到了 70 年代，已确定为我们党的接班人的林彪叛国出逃，刘少奇早已含冤离世，周恩来、朱德等老一辈无产阶级革命家相继住进医院。王洪文、张春桥、江青、姚文元"四人帮"紧锣密鼓，他们迫不及待地抢班夺权。在这样特定的历史条件下，毛泽东大力提倡"继续革命"，并要人们注意《水浒传》中宋江的投降招安，导致梁山农民起义的彻底失败的这一反面教材，这是完全符合毛泽东当时的思想逻辑的。笔者认为，毛泽东在这里把《水浒传》作为反面教材，其本意主要还是要人们从宋江招安投降导致革命失败的这一特定的历史事实中吸取教训，从而能够"继续革命"，沿着社会主义方向不断前进。

毛泽东把《水浒传》作为反面教材来读，可能还有这样一个心理背景。我们知道，宋江领导的农民起义队伍接受招安，不是在当时客观形势对他们极为不利毫无其他办法的情况下接受招安的；恰恰相反，他们是在取得了两赢童贯、三败高俅等一系列辉煌的大好形势下自愿主动接受招安的。小说的这种描写，与毛泽东在 60 年代以后一直思考和忧虑的课题，是极为一致的。毛泽东认为，革命的真正目的在于取消压迫，改变产生压迫和官僚主义的社会结构。而这一切，在当时不仅没有达到，

---

① 《毛泽东选集》第 4 卷，人民出版社 1991 年版，第 1438—1439 页。

反而在社会主义土壤上滋生了不少欺压迫害百姓的大大小小的官僚，严重地损害了党群关系和干群关系。毛泽东还联系到我国农民革命的历史，他注意到历史上的农民革命在获得胜利以后，革命热情往往就逐渐消退，革命意志往往就逐渐丧失，图安逸，求享受，直至最后完全违背原来革命的真正的目标，以失败而告终。这样的历代革命的悲剧，会不会在我们共产党人领导的经过无数的革命先烈用鲜血和生命换来的社会主义的大地上重演？正是因为有这样特殊的心理背景，所以毛泽东把《水浒传》后面的宋江招安投降的描写作为反面教材来读。这也是毛泽东晚年爱读《水浒传》的一个原因。

一部《水浒传》，半个多世纪，毛泽东不知读过多少遍，也不知读过多少次。

（三）从战争谋略和策略的视角读《三国演义》

从战争谋略和策略的视角读《三国演义》，这是毛泽东读《三国演义》的一个特点。三国鼎立时期，社会动荡，事态百变，势均力敌的魏蜀吴三国战争不断。《三国演义》记述的就是这一时期各个封建统治集团之间的矛盾、斗争及其相互战争的谋略和策略。《三国演义》虽然不是兵书，也不是军事专著，但是，书中却有不少栩栩如生，动人心魄，千古流传的大战争场面的描写，有关战争战略、策略方面的记述，也有具体虚实分合、攻守进退、以小打大、以少胜多、后发制人等许多的战役和战术方面的描写。例如，祭东风、赤壁大战、走麦城、空城计等。所以毛泽东不仅把《三国演义》当作三国时代的历史来读，更是通过它来知兴亡，鉴得失，明事理，把握历史现象及其规律。而且还从战争谋略和策略的视角来读。毛泽东阅读《三国演义》的独到之处还在于，注重学习书中可供借鉴的有关军事斗争的知识和思想材料。大概正因为如此，第二次国内革命战争时期，党内的"左"倾教条主义者曾经攻击毛泽东的军事思想、军事路线和毛泽东领导所取得的反"围剿"战争的胜利，说毛泽东不过是"把古代的《三国演义》无条件地当作现代的战术，古时的《孙子兵法》无条件地当作现代战略"。这当然是"左"倾教条主义者对毛泽东别有用心的攻击，是根本不符合事实的。但是，毛泽东爱读《三国演义》，熟读《三国演义》，注意学习《三国演义》中谈及的有关战争谋略、策略知识，并且取其精华，运用于中国革命战争的实际，这是无疑的。

说到毛泽东从战争谋略和策略的视角读《三国演义》可以追溯到1936年12月，在《中国革命战争的战略问题》这部著作中，毛泽东结合我国第二次国内革命战争的实际，谈及战略防御的原则时说过这样一段话："中国战史中合此原则而取胜的实例是非常之多的。楚汉成皋之战、新汉昆阳之战、袁曹官渡之战、吴魏赤壁之战、吴蜀彝陵之战、秦晋淝水之战等等有名的大战，都是双方强弱不同，弱者先让一步，后发制人，因而战胜的。"[①] 这里，毛泽东列举的我国历史上六个著名的以弱胜强的战例，其中袁曹官渡之战、吴魏赤壁之战、吴蜀彝陵之战这三次大战，都是《三国演义》中最精彩的也是作者着力描写的战例。毛泽东爱读《三国演义》，尤爱读《三国演义》中这些

[①] 《毛泽东选集》第1卷，人民出版社1991年版，第204页。

波澜壮阔的战例。小说中描写的这些战例，是毛泽东最感兴趣的内容之一，它们已经深深地存留在毛泽东的记忆中。

毛泽东爱读《三国演义》中这些著名的战例，不仅是因为作者对这些战例描写得生动、壮观，而且是因为这些战例中都包含不少的战争知识。与其说毛泽东在读小说，倒不如说毛泽东在借鉴历史，研究分析和学习战争。

就拿吴魏赤壁之战来说吧。这是《三国演义》着力描写的我国历史上的一次著名大战。

曹操在基本统一了北方之后，即挥师南下，企图一举消灭刘备和孙权的势力，席卷南方。刘备派诸葛亮去联合孙权，孙权和刘备结成联盟，他们一起抗击曹操。当时，曹操的军队号称80万，实际上没有这么多，大概也就是20多万人马，驻军乌林（现在湖北省洪湖县龙口乡，长江北岸）；孙刘联军总共不过5万人，安营赤壁（现在湖北省浦圻县赤壁乡，长江南岸）。双方隔江相望，在赤壁江面摆开了战场。

曹操的军队大半是北方人，不习惯船上作战，不适应江上风浪的颠簸。为了解决这个困难，曹操命令工匠把战船用铁索连在一起，又在船与船之间铺上木板，钉上铁钉，加以固定，以减少船身的摇晃，他们把这称为"连环船"。诸葛亮得知曹操采用"连环船"的战术之后，立即与东吴军队主帅周瑜等商议对策。周瑜部将黄盖提出用火攻的办法，烧毁曹操的"连环船"。诸葛亮和周瑜采纳了这个建议，拟订了火攻的作战方案。周瑜事前安排了放火用的船只，黄盖写了一封信派人送给曹操，假意声称要带军队渡江投降。

建安十三年（公元208年）11月的一个夜晚，赤壁江面恰好刮起了一阵比一阵紧的东南风。黄盖带领10艘战船，船中装满了浇了油的柴草和大批硫黄、烟硝等引火物，用黑色帐篷蒙起来，上面插上旗帜，向曹操的水寨驶去。战船的后面还拖着便于战斗的小艇。曹操深信黄盖来投降，所以毫无戒备。当黄盖的战船驶进曹操的"连环船"时，就立即放起火来。火借风力，风助火势，曹操的水寨顿时陷入火海之中，"连环船"被全部烧毁，连岸上的营地也都着了火。这时曹操明知中计，可悔之晚矣。周瑜和诸葛亮望见起火，立即擂动战鼓，指挥水陆两军全面进攻。曹军大败，孙刘联军夺取了赤壁之战的重大胜利。

曹操败退后，一时无力南下，孙权巩固了在江南的统治，刘备占领了荆州的大部分地区，并开始向益州发展。从此就形成了三国鼎立的局面。

赤壁之战，曹操失败，孙刘获胜。它是我国古代战争史上有名的弱军战胜强军的战例之一。自古以来的战争，强者并非就一定能够战胜弱者，弱者并非就一定不能战胜强者。在一定的条件下，少亦能战胜多，弱亦能战胜强，败亦能变为胜。少与多，弱与强，败与胜，都不是绝对的，在一定的条件下它们是可以相互转化的。这就是战争中的辩证法。吴魏赤壁大战就是一个很好的历史例证。

说到毛泽东对赤壁大战故事的兴趣，笔者在这里再向读者介绍一点有关的情况。在读书治学生活中，毛泽东生前有两个特别的喜爱。一是喜爱唐诗宋词，读得多，记得住，可以随口背诵。二是爱好书法，20世纪50年代和60年代初他在工作之余，饭后睡前，常常孜孜不倦地潜心练习书法，仅凭自己的记忆，书写了许多古今著名的诗词曲赋。书写的唐诗宋词尤多。

用他自己的话来说，又练习书法，又学习唐诗宋词，这是"一举两得"。毛泽东工作之余书写的大量唐诗宋词墨迹中，我们看到过至少有两件是与《三国演义》中描写的赤壁战争有关的。一件书写的是唐人杜牧的诗《赤壁》，一共四句："折戟沉沙铁未销，自将磨洗认前朝。东风不与周郎便，铜雀春深锁二乔。"这首诗，后两句就与赤壁大战有关。东风，就是指当时赤壁之战，周瑜用火攻之事。周郎，即周瑜。铜雀，台名，在北方的邺城（今河北省临泽县），这个台传说是曹操所建，上有楼，楼上有大铜雀高一丈五尺，因此得名，是曹操宴饮之地。二乔，指东吴有名的美女乔氏姐妹，大乔为孙策夫人，小乔是周瑜的妻子。这两句诗的意思是说，如果不是东风给了周瑜的方便，则很可能东吴要大败，连二乔也被曹操掳走关进铜雀台了。另一件书写的是宋代苏轼的词《念奴娇·赤壁怀古》，前几句是："大江东去，浪淘尽、千古风流人物。故垒西边，人道是、三国周郎赤壁。"这里的大江，是指长江。风流人物，杰出的或英俊的人物，引指三国时代的包括周瑜在内的英雄豪杰们。"赤壁之战"，孙权、刘备联军在这里击败了曹操，从而形成三国鼎立的局面。毛泽东书写的这两件墨宝都被中央档案馆挑选编入《毛泽东手书古诗词选》一书。《三国演义》中描写的赤壁之战早已成为历史，毛泽东在这两年期间书写与之有关的墨迹还一直萦绕着我们的脑际，浮现在我们的眼前。它从一个小小的侧面告诉我们，毛泽东对《三国演义》中着力描写的战争场面很有感触的。

  毛泽东读《三国演义》，最有兴趣的大概就是对著名大战的描写。因为他对这些大战的描写很感兴趣，所以他读得多，看得细，对作者罗贯中着力描写的这些大战的情形，他都很熟悉，在讲话和文章中常常谈及。他从战争的视角读《三国演义》，从赤壁大战、官渡大战、彝陵大战等许多的战争、战役中学习战争的谋略，学习克敌制胜的策略，学习战争的知识，并密切结合实际，运用于他所领导和进行的革命战争之中。这不能不说是毛泽东读《三国演义》的收获。

（四）从政治的视角读《西游记》

毛泽东读《西游记》，和读我国其他优秀的古典文学名著《红楼梦》《水浒传》《三国演义》一样，开始是当故事读的，后来就联系我国革命斗争和社会主义建设工作中的实际，从各种不同的视角去阅读，去理解，去运用，去说明实际问题，所以，到了晚年，他老人家还常常夜以继日地读这部名著。

政治的视角。《西游记》是一部著名的神话小说，从政治的视角去阅读这部小说，这不能不说是毛泽东阅读《西游记》的一大特点。

毛泽东是怎样从政治的视角阅读《西游记》这部神话小说的呢？这里，我先向读者介绍一下毛泽东与此有关的几次谈话。1957年2月8日，毛泽东同文艺界的同志有一次谈话。这次谈话，旨在宣传"百花齐放，百家争鸣"的方针，号召社会各界帮助共产党整风。毛泽东在谈到真正的马克思主义者什么都不怕的时候，对当时在座的文艺界的同志说：孙悟空这个人自然有蛮厉害的个人英雄主义，自我评价是齐天大圣，而且傲来国的群众——猴子们都拥护他。玉皇大帝不公平，只封孙悟空作"弼马温"，所以他就闹天宫，反官僚主义。这里毛泽东把孙悟空大闹天宫这个神话故事与反官僚主义联系在一起。如果说，毛泽东在这里阅读《西游记》与国内当时的政治斗争还没有直接联系的话，那么，到了20世纪60年代，他把孙悟空大闹天宫的故事与当时国内的政治斗争就紧密联系起来了。

60年代初，国际国内的政治斗争是很严峻的。1961年11月17日，毛泽东写下的光辉诗句："一从大地起风雷，便有精生白骨堆。僧是愚氓犹可训，妖为鬼蜮必成灾。金猴奋起千钧棒，玉宇澄清万里埃。今日欢呼孙大圣，只缘妖雾又重来。"就是这一时期政治斗争严峻形势的最好写照。1963年7月，中、苏争论进一步公开化。毛泽东把中国共产党人对苏共中央攻击的回击形象地比喻为"我们就像孙悟空大闹天宫一样"。在同苏共中央的斗争中，毛泽东本人就像大闹天宫的孙大圣，高高举起千钧棒，奋力澄清万里埃。在斗争的实践中，他坚定地号召全国人民"我们必须走自己的革命道路"。毛泽东在率领全党同志"大闹"苏共中央这个"天宫"的同时，对国内日益滋长的官僚主义等政治问题也极为关注。1964年9月7日，在故乡湖南的一次谈话中，毛泽东号召人们：要斗争。他说：无论中央、省委，都要提倡下面批评上面。毛泽东这里说的批评的对象显然已不仅仅是官僚主义的问题，他激情欢呼的"孙大圣"也不是泛泛而谈的革命者的代名词了。1966年3月30日，在上海西郊的一次谈话中，毛泽东又一次向人们反复强调："打倒阎王，解放小鬼。""要把十八层地狱统统打破。孙悟空闹天宫，你是站在孙悟空一边，还是站在天兵天将、玉皇大帝一边？"就是在这一次谈话中，毛泽东还说：如果中央出修正主义，地方要造反。要支持小将，保护孙悟空。

把《西游记》中的孙悟空大闹天宫的故事,直接与现实的国际国内的政治斗争联系在一起,号召人们站在孙悟空一边,保护孙悟空,为孙悟空欢呼,向孙悟空学习,与党内的官僚主义和国际上的修正主义作斗争,这是毛泽东从政治斗争视角读《西游记》的一个独到之处。

《西游记》中唐僧师徒四人,之所以能历尽艰险,终于到达西天,取得真经,其中非常重要的一点是他们有坚定的信念,始终朝着一个目标前进不止。毛泽东所以爱读《西游记》,这大概也是其中一条重要原因。对于这一点,毛泽东生前曾与一些领导干部和身边的工作人员谈到《西游记》时都说过:读《西游记》,要看到他们有个坚强的信仰。毛泽东还说:唐僧、孙悟空、猪八戒、沙和尚,他们一起上西天取经,虽然中途闹了点不团结,但是经过互相帮助,团结起来,终于克服了艰难险阻,战胜了妖魔鬼怪,到达了西天,取来了经,成了佛。一位领导同志听后认为,毛泽东在这里主要讲的是不要怕不同意见,不要怕有争论,只要朝着一个目标,团结一致,坚持奋斗,最后总是会成功的。① 这是毛泽东从政治的视角读《西游记》的一个具体表现。坚定信念,始终朝着一个目标,团结奋斗,毛泽东对此是极为关注的。

(五)从清朝历史的视角读《聊斋志异》

《聊斋志异》形象地反映了清代初期的历史,广泛地描写了

---

① 薄一波:《回忆片断》,《人民日报》1981年12月26日。

那个时代社会政治、生产生活的真实风貌,把小说当成"清朝的史料看",这是毛泽东读《聊斋志异》的一个独特的视角。

如果说,毛泽东青少年时代爱读《聊斋志异》,是因为该书中的一个个人、鬼、狐传奇故事的吸引,那么后来,特别是到了晚年,毛泽东对《聊斋志异》还难以释手,一读再读,就不是因为一个个鬼、狐传奇故事的吸引了,而是因为小说深刻地反映了清代初期的历史,形象地再现了清代初期的时代社会风貌。

蒲松龄生于明崇祯十三年(1640年),殁于清康熙五十四年(1715年),是我国清代初期的一位著名的文学家、小说家。其代表作就是《聊斋志异》。蒲松龄长期生活在农村,与农民朝夕相处长达几十年。他对劳动人民的疾苦有深刻的感受,他熟悉农民的心理、愿望、风俗、信仰。他的思想感情和农民有相通之处。《聊斋志异》所描写的许多细节都是作者耳闻目睹和亲身经历过的事。一个个故事就是那个时代社会政治、生产和生活的缩影。蒲松龄构思和创作《聊斋志异》,是从社会基本结构——家庭写起,从封建家庭内的夫妇妻妾、兄弟姊妹、父母子女、公婆妯娌直到族中乡里、朋友宾客等,甚至妻妾争宠,兄弟友睦、姊妹易嫁,继母虐子等,都有不同程度的描写,具体地反映了当时的社会内容以及人与人之间的各种微妙的关系。如果说一个故事就是清代初期社会生活的一隅,那么,全部的《聊斋志异》就是再现清代初期生活的一幅汪洋恣肆、气象万千、世相纷呈、斑斓多彩的历史画卷。它非常清晰地向人们展现了当时社会的世态人情、社会习俗、道德风尚、宗教信仰以及人与人之间的种种错综复杂的社会关系。《聊斋志异》还以鲜明的人的特点和清醒的现实主义，真实地反映了封建社会官与民、官与官、豪绅污吏之间的关系，活生生地描画出平民被贪官虐吏勒索宰割、搜刮蹂躏的真实情景。《聊斋志异》中塑造了诸多的知识分子的形象，他们一个个不同的命运和悲惨的遭遇从侧面反映了清代初期的历史。

纵观《聊斋志异》全书，我们可以清楚地看到，"书中大多数故事都体现出浪漫主义与现实主义相结合的基调。它们一方面把花妖狐鬼和幽冥世界等非现实的幻想事物组织到社会生活中来，又极力把花妖狐鬼人格化，把幽冥世界社会化，通过人鬼相杂、幽冥相间的生活画面深刻地反映了现实矛盾；一方面充分利用花妖狐鬼和幽冥世界所提供的超现实力量，以惩恶扬善，突出地表现了作者理想的生活"[①]。正因为如此，毛泽东认为："《聊斋》其实是一部社会小说。鲁迅把它归入'怪异小说'，是他在没有接受马克思主义以前的说法，是搞错了。"[②] 正因为《聊斋志异》是一部社会小说，形象地反映了清代初期社会的历史，所以毛泽东一直把它当作清朝的史料来看，而且越看越爱看。

在延安时，有一次毛泽东与何其芳等谈我国的古典文学，在谈到《聊斋志异》时，毛泽东说："《聊斋志异》可以当作清朝的史料看。"这是毛泽东对《聊斋志异》的一种评价，也是他读《聊斋志异》的一种特殊视角。实际上，从延安时期往后的岁月，对于这一点，从上面已经介绍过的情形，毛泽东在50年

---

① 《毛泽东与文艺传统》，中央文献出版社1992年版，第181页。
② 《天涯萍踪——记萧三》，中国青年出版社1991年版，第257页。

代读《白莲教》《小谢》《细侯》这三篇小说时写的批注中可以看得出来。就拿读《细侯》这一篇来说,《细侯》作者本来描写的是家境贫困潦倒的满生与妓女贾氏细侯的一段相恋、相爱的故事,可是毛泽东在读这篇小说的时候,从中看到了"资本主义萌芽"。读《白莲教》这一篇,看到了"表现作者的封建主义"。很显然,他是把这篇小说当作历史来读的。

在与何其芳等的这一次谈话中,为了表明他的上述看法,他还以《聊斋志异》中的《席方平》这一篇故事为例,他认为这一篇就可以当作清朝的史料来看。他说:"《席方平》这篇作品的内容是借描写阴间的狱吏、城隍、郡司以至冥王都是贪污受贿,不问是非曲直。阴间的最高统治者冥王,对受地主老财的迫害,因而冤枉死的人来告状,不但不受理,而且用酷刑迫害。得出结论是:这篇小说的主人公觉得阴曹之暗昧尤其甚于阳间。"①

《席方平》是《聊斋志异》的代表作之一。席方平是人名,一个性格刚强的男子。故事说的是:席方平的父亲席廉,与同乡富户羊某有过一些不和。这位姓羊的富翁死了之后,席廉得病,在生命垂危时对人说,是羊某贿赂阴司官吏来拷打他,最后席廉浑身红肿,惨叫着死去。父亲惨死,席方平悲痛欲绝,如果如痴,他发誓说:"我要到阴间为你申冤。"果然席方平的魂魄离开了身体,来到了阴间之后,远远地看见他父亲在向他哭诉:狱吏全受贿赂,日夜拷打他。席方平听了父亲的诉说,更加痛恨狱吏,遂写好状子,向城隍(在旧社会里,被说成十

---

① 《何其芳文集》第3卷,人民文学出版社1983年版,第72页。

分正直的地方阴司官）告状。城隍因受了羊某的贿赂，看了席方平的状子后，硬说席的控告证据不足，不能成立。席方平气愤至极，继续往上告，告到郡司。由于郡司也受了贿赂，他不但不受理席的状子，还将席痛打一顿，仍将此案交城隍办理。席方平只好又回到城隍辖区，尝尽了械梏之苦，而不能申冤。城隍怕席再告状，就派人将席押送回阳间的家。鬼差押席到家门口就走了，席又悄悄回阴司，状告到冥王那里。谁知冥王偏袒城隍和郡司，不容席诉说，就下令打他二十大板。席方平厉声问道："小人何罪？"冥王仿佛没有听到。席在酷刑下愤愤不平喊道："我是该打的，谁叫我没有钱！"冥王更加发怒，叫鬼卒把席放到烧得通红的铁床上去烤。冥王问他还敢再告吗？席说："大冤未申，寸心不死，一定要告。"冥王听后更加大怒，又叫两个鬼卒把席的身子锯成两半，席疼痛难以忍受，却硬是一声不吭。行刑的两个鬼卒大加钦佩说，真是条硬汉子！掌锯的鬼卒同情他是孝子，不忍锯他的心，锯子故意锯偏才没有伤他那颗心。不一会儿，身子被劈成两半。冥王问席还告吗？席怕再遭毒刑，便谎说，不告了，冥王立即叫鬼差把他送回阳间。

　　席方平回到阳间，他想阴间的黑暗比阳间还厉害，可是他还不死心，要到玉皇大帝那里再告。他听说二郎神是玉皇大帝的亲戚，聪明正直。于是席又重到阴间去找二郎神。席到阴间又被冥王的鬼卒抓住，冥王软硬兼施，叫他不要再告，并强行把他投胎为婴儿，席愤怒哭啼不吃奶，活了三天便夭折了。他的灵魂又跑到阴间告状，结果遇上了玉皇大帝殿下的九王，九王叫二郎神赶快判决，最后二郎神判决，将贪赃枉法的冥王、郡司、城隍、助纣为虐的鬼役以及为富不仁的羊某分别治罪。

同时，表彰了席廉父子的善良、孝义，并增加了阳寿三纪（古代的一种计时方法，一纪为12年）。

《席方平》这一篇，毛泽东读得很熟。他认为《席方平》这一篇就可以当作清朝的史料来读。小说虽描写幽冥，其实正是封建社会现实生活的投影。作者笔下的席方平这个人物形象鲜明，对现实社会的黑暗揭露得淋漓尽致。这篇小说，毛泽东不仅自己爱读，还常有声有色地给身边的同志讲述这个故事。毛泽东对席方平受锯刑时忍而不号特别赞赏。他说：这篇小说的主人公觉得，阴曹之暗昧尤甚于阳间。① 毛泽东讲《席方平》的故事，意思是要身边的同志懂得，老实的人，按科学办事的人，虽然要历经磨难，冤案终能昭雪。他说，干部要有坚持原则的勇气，在大是大非面前，要旗帜鲜明，要有"六不怕"的精神，即不怕撤职、劳改、开除党籍、老婆离婚、坐班房和杀头。只要准备好这几条，看破红尘，就什么都不怕了。

从清朝历史的视角读《聊斋志异》，把《聊斋志异》当作清朝的史料来看，这是毛泽东读《聊斋志异》的一个独特之处。如果说，毛泽东青少年时代读《聊斋志异》是着重于看故事，那么，后来的岁月，特别是到了晚年，毛泽东读《聊斋志异》，笔者认为，就是着重于读清朝社会的历史了。

毛泽东读《聊斋志异》，如同读《红楼梦》《水浒传》《三国演义》《西游记》等中国古典小说一样，也有多个视角。不同的岁月，不同的历史时期，不同的外部条件或不同的内在要求，阅读的视角是不同的。这是毛泽东读《聊斋志异》常读常新、

---

① 岳瑟：《鲁艺漫忆》，《中国作家》1990年第6期。

越读越爱读的一个奥秘。

联系毛泽东的读书实际，我们认识到，同一部书，同一个人，从不同的视角去读，就会有不同的认识，不同的理解，不同的收获。在读书过程中，常变换视角，这样读起来新颖，读起来有新意，读起来有兴趣，越读越有兴趣，越读越有成效。这就是毛泽东读书的实践留给我们的一个重要启示。毛泽东晚年读书，常常是这种书看累了，又看那种书。例如，读马列的著作读累了，就读历史，读鲁迅，读古典小说，读唐诗宋词；去看字帖、画册，去看笑话书、看小人书；这类书看累了，又去读英语，看报刊资料；不断地调换，使大脑得到调节，得到休息。这是毛泽东晚年一直坚持的一种独特的读书方法。

六 学毛泽东有"选择"有"重点"的读书

（一）什么是有"选择"有"重点"的读书？

先说什么是有"选择"的读书。1915年9月6日，毛泽东致萧子升的信中写道：昔人有言，欲通一经，早通群经。今欲通国学，亦早通其常识耳。首贵择书，其书必能孕群籍而抱万有。干振则枝披，将摩则卒舞。如是之书，曾是"杂钞"（指曾国藩所纂的《经史百家杂钞》——笔者注）其庶几焉。是书上自隆古，下迄清代，尽论四部精要。为之之法，如《吕刑》（《尚书》中的一篇—笔者注）一篇出自《书》，吾读此篇而及于《书》，乃加详究焉出于《书》者若干篇，吾遂及于《书》全体矣。他经亦然。《伯夷列传》一篇出于《史记》，吾读此篇而及于《史记》，加详究焉出于《史记》者若干篇，吾遂及于《史记》之全体矣。他史亦然。出于"子者"，自一"子"至他"子"。出于"集"者，自一"集"至他"集"。于是而国学常识罗于胸中矣。此其大略也。从这一段话中，我们可以看出来，有"选择"的读书是毛泽东在青年时代在读书过程中总结出来的一种读书方法。读书"首贵择书"，"选择"什么样的书？毛泽东在上述信中强调的"其书必能孕群籍而抱万有。干振则枝披，将靡则卒舞"。他还举例说像曾国藩的《经史百家杂钞》这种书，通过读一本书，就可以了解更多的书，然后再一种一种去读，就可以了解知道得更多。所以，毛泽东称赞这种读书方法"此其大略也"，他一直也是在按照这种方法择书、读书的。这种择书、读书方法是主要从书与书、知识与知识的相互联系、相互关系来考虑的。就是由此及彼，由表及里，由少到多，由浅入深，由单一到全面的读书方法。实践证明，有"选择"的读书是循序渐进、由少到多的科学的读书途径。

我们知道，书籍按内容分类的，有政治、经济、军事、历史、科学、教育、文化等，从大类、中类、到若干小类，重要的书或主要的书，就是指这同一类里面的社会反响（或影响）比较大、专业水准比较高、语言文字特色鲜明、读者比较喜爱和比较欢迎的书而言的。例如，中国古典小说这一大类的书，最具代表性的有曹雪芹写的《红楼梦》，罗贯中写的《三国演义》，施耐庵写的《水浒传》，吴承恩写的《西游记》，蒲松龄写的《聊斋志异》。重点或主要的书是相对而言的，是相比较而存在的。

从毛泽东读书生活实际来看，"选择"的书，都是他自己爱读想读的、对自己有帮助、有启发和教育作用的书，"选择"的书，不一定是"重点"的书，"重点"的书一般都寓于"选择"的书之中。"选择"的书肯定是要读的，"重点"的书是要反反复复读的，有的一读就是几十年。一般作为"重点"的书，毛泽东是读得多，下功夫多，批注得多，圈画得多。"选择"的环节是不能缺少的，书山学海，宽广无垠，在书山上攀登，在学海里"选择"，"选择"的书可以引领你读更多的书。可以拓宽思路，拓宽读书的范围，在此过程中逐渐寻求读书的"重点"。

"选择"是读书的初始,"重点"是读书的延续。没有"选择"阅读的环节,就没有"重点"。"选择"读书是重要的,"重点"读书更重要。"选择"读书和"重点"读书,二者是相互联系又有区别的,是两个不同的读书阶段。"选择"读书是读书的初始阶段,是一般层次的读书。"重点"读书就进入了读书的更深入层次了。从读书先后顺序来说,重点读的书一般都是在选择环节之后进行的。先读"选择"的书,后读"重点"的书。"重点"的书是要经常读,甚至是要读一辈子的。

毛泽东在几十年的读书长河中,有"选择"地读书,有"重点"地读书,是相互联系、相互交错的。毛泽东读书的过程,就是一个有"选择"地读和有"重点"地读的有机结合的过程,读"选择"的书加读"重点"的书的过程,就是毛泽东读书的全过程。

下面,笔者就结合毛泽东读书生活的具体实际向读者介绍,他有"选择"、有"重点"读书的有关情况。

(二)有"选择"读书的一些情况

这里,先介绍毛泽东晚年有"选择"读书的情况。毛泽东晚年"选择"自己读的书,据笔者的观察与了解,至少与以下三方面的因素有关:一是他本人读书的目的、追求和兴趣、喜好,二是做好实际工作的需要和理论指导方面的需求,三是休息身体和调节大脑。有"选择"读书至少有这三个方面的情况。毛泽东不同岁月、不同的历史时期,读书的"选择"也是不同的,就是在同一个岁月、同一个时期,因具体实际包括思想、工作、生活及本人情感等实际的原因，毛泽东读的"选择"的书也是不同的。青少求学、求知时代，大革命时代，延安岁月，新中国成立初期到20世纪50年代，60年代到70年代，直至最后几年，毛泽东"选择"读的书、"重点"读的书都是有所不同的。"选择"什么样的书，有鲜明的目的性。时间、地点、思想、工作、情感、身体、目的等具体情况不同，"选择"读的书往往也不同。

笔者知道，毛泽东生前读"选择"的书和读"重点"的书往往是交错进行的。读读"选择"的书，又读读"重点"的书。"重点"的书读久了、读累了，又读读"选择"的书。"选择"的书读多了，读倦了，又读读其他的杂书、闲书。读杂书、闲书大脑得到休息后，又读"重点"的书。正如毛泽东自己曾对身边工作人员说的："脑子这么大，功能这么复杂，感觉、思维、视听一定也是各有分工啊！我看文件累了换换报纸，看政治累了看看文艺小说，看诗词累了看看自然科学，看文字累了看看小人书，怎么样？"晚年的毛泽东朝朝暮暮，岁岁年年，月月天天都是这样：与"选择"的书，杂书、闲书，"重点"的书相伴，以书为友，和书交流，毛泽东身旁从来没有离开过书。

有"选择"读书的具体情况，篇幅所限，这里就不再多说了。下面着重介绍有"重点"读书的一些具体情况。

（三）有"重点"读书的一些情况

1. 从读《共产党宣言》谈起

说到毛泽东一生"重点"读的书，首先就要说说"重点"

六学毛泽东有"选择"有"重点"的读书

读《共产党宣言》一书的情况。马克思、恩格斯的著作《共产党宣言》，是毛泽东青年时代读的第一本马列主义著作，时间是1920年，时年，毛泽东27岁。后来的56年里，对这本马克思主义的经典著作，毛泽东不知反复读过多少遍。这本书中的许多精辟论断，他几乎全能背下来。在他老人家辞世的时候，身旁还一直放着一本大字线装本的《共产党宣言》和两本战争年代出版的字很小的、本子很破旧的《共产党宣言》。因为字太小，他的眼睛看不清，所以就用1963年印制的大字线装本对照着看。《共产党宣言》是毛泽东一生最爱读的，也是重点读的遍数最多的一本马列主义经典著作。

毛泽东为什么如此重视、如此爱读《共产党宣言》呢？《共产党宣言》是1848年马克思、恩格斯为共产主义者同盟起草的纲领，是共产主义的第一个纲领性文献，它完整、系统而严密地阐述了马克思主义的主要思想。伟大导师列宁曾评价说："这部著作以天才的透彻鲜明的笔调叙述了新的世界观，即包括社会生活在内的彻底的唯物主义，最全面最深刻的发展学说辩证法以及关于阶级斗争、关于共产主义新社会的创造者无产阶级所负的世界历史，革命使命的理论。"[①] 五四运动以后，《共产党宣言》的基本观点为中国先进分子所接受，使他们很快成为马克思主义者。毛泽东就是这群具有初步共产主义思想的先进分子中最杰出的代表。

毛泽东从青年时代起就精心研读《共产党宣言》，正是这本马克思主义的划时代著作，成了毛泽东选择科学社会主义的入

[①] 《列宁选集》第2卷，人民出版社1954年版，第578页。

门向导。他自己曾说，读了《共产党宣言》这本书，我才知道人类自有史以来就有阶级斗争，阶级斗争是社会发展的原动力，初步地得到认识问题的方法论。可是这些书上，并没有中国的湖南、湖北，也没有中国的蒋介石和陈独秀。我只取了它四个字："阶级斗争"，老老实实地开始研究实际的阶级斗争。

据史籍记载，毛泽东最早读到的《共产党宣言》是《国民》杂志上刊载的。1919年12月，毛泽东第二次来到北京，开始在李大钊任馆长的北大图书馆作助理员。1920年1月4日，他的老师兼挚友黎锦熙来看他，意外地在他的办公桌上发现一本刊载有马克思和恩格斯《共产党宣言》的《国民》杂志第2卷第1号，倍觉新奇。毛泽东热情地向他推荐这篇宣言，并希望黎锦熙能"精读"这篇《共产党宣言》。《国民》杂志上刊登的主要内容是《共产党宣言》的第一章，这是五四运动后国内第一次印行的《共产党宣言》的一个整章。

毛泽东读到《共产党宣言》的全译本，是1920年8月陈望道翻译的在上海正式出版的《共产党宣言》。这是《共产党宣言》在中国出版的第一个全译本，也是马克思和恩格斯的著作在中国出版的第一个单行本。《共产党宣言》一经出版立即受到中国先进知识分子的热忱欢迎，在短时间内一版再版。毛泽东也很快就读到了这个译本。后来，毛泽东自己回忆说：正是《共产党宣言》这部马克思主义著作，"使我树立起马克思主义的信仰。我接受马克思主义，认为它是对历史的正确解释，以后就一直没有动摇过"[①]。自从倾心研读了《共产党宣言》全译

[①] 毛泽东：《毛泽东一九三六年同斯诺的谈话》，人民出版社1979年版。

本之后，从此，毛泽东就确立了对《共产党宣言》基本原理的终身信仰，开始了他对真理漫漫的执着追求。

在整个新民主主义革命时期，毛泽东不仅自己反复研读《共产党宣言》，而且多次提醒领导干部和全党注意学习这部经典著作。1942年11月，他在西北局高干会议上讲布尔什维克化十二条时指出：我们要注重理论，高级干部要准备读书，从《共产党宣言》起，要能读几十本马克思主义的书，就把我们的党大大地武装起来了。1945年，他在党的七大上，又特别提出要读五本马列著作，为首的又是《共产党宣言》。1949年，在新民主主义革命即将取得全国胜利的时刻，党的七届二中全会决定干部要学习包括《共产党宣言》在内的十二本马列著作，他又亲笔在这十二本书的目录前，加上了"干部必读"四个字，并请即刻印发给七届二中全会。在一个较长时期内，把这十二本书作为干部学习马列主义的基本教材。

毛泽东在号召全党学习马列经典著作时总是把《共产党宣言》列为首要的必读书之一。

新中国成立之后，面对新的实际情况，毛泽东又多次用心阅读《共产党宣言》，一边读，一边思考，一边在书上圈圈画画。这本书中有关废除资产阶级所有制，剥夺资产阶级占有他人劳动、奴役他人劳动的权力，与传统的所有制观念决裂等处，毛泽东都作了密密麻麻的圈画。

1958年8月北戴河会议之后，各地迅速掀起全民炼钢和人民公社化运动的高潮。这年9月以后，毛泽东对《共产党宣言》中有关建立公有制方面的论述读得更加仔细，在很多地方作了圈点批画。笔者在这里仅举以下几例：

"共产主义革命就是要最坚决地打破过去传下来的所有制关系；所以，毫不奇怪，它在自己的发展进程中要最坚决地打破过去传下来的各种观念。"在这段文字旁画了直线、曲线，段末还画个圈。

"无产阶级运用自己的政治统治，一步一步地夺取资产阶级所有的全部资本，把一切生产工具集中在国家手里，即集中在已组织成为统治阶级的无产阶级手里，（在这里画了一个圈）并且尽可能更快地增加生产力的总量。"在这段文字旁画了直线、双直线、曲线，段末画了三个圈，本段右侧画了三个圈。"要做到这一点，当然首先必须对所有权和资产阶级生产关系实行暴力的干涉，即采取这样一些措施，它们在经济上似乎不够充分和没有效力，但是在运动进程中它们却会越出本身，成为变革全部生产方式所不可避免的手段。"在这段文字旁画了直线、曲线。

"这些措施在各个不同的国家里当然会是各不相同的。"并在这句话旁画了直线、曲线。

当读到："但是，在各个最先进的国家里几乎到处可以采取下面的办法"时，他又用笔在旁边画上了直线、双直线和曲线。

下面几条文字旁也着重用不同符号圈画出来：

（一）夺地产，将地租转充国家支出之用。

（二）收高额累进税。

（三）废除继承权。

（四）没收一切流亡分子和叛乱分子的财产。

（五）经过拥有国家资本和独享垄断权的国家银行，把信贷集中在国家手里。

（六）增加国营工厂和生产工具数量，按照总的计划来开垦荒地和改良土壤。都分别画了直线、曲线。

（七）实行普遍劳动义务制，成立产业军，特别是农业方面。在这段文字旁画了直线，段前加画了三个圈。

（八）把农业同工业结合起来，促使城乡之间的差别逐步消灭。在这段文字旁画了直线、曲线，段前还加画了三个圈，段后加画了一个圈。

（九）对一切儿童实行公共的和免费的教育。（圈）取消现在这种工厂童工劳动。把教育同物质生产结合起来等。在这段文字旁画了直线、曲线，段前也加画了三个圈，段后加画了一个圈。

在读完"在发展进程中，当阶级差别已经消灭和全部生产集中在由各个成员组成的一个团体手里的时候，公众的权力就失去了自己的政治性质"这段文字时，他画了双圈。紧接的一段文字："原来意义上的政治权力，乃是一个阶级用以镇压另一个阶级的有组织的暴力。如果说无产阶级在反对资产阶级的斗争中一定要团结成为阶级，如果说它通过革命使自己成为统治阶级，并以统治阶级的资格运用暴力消灭旧的生产关系，那么它在消灭这种生产关系的同时，就消灭阶级对立存在的条件，就根本消灭一切阶级，从而也就一并消灭它自己这个阶级的统治。"读完后，他在文字旁画了直线、双直线、曲线，段后画了三个圈，段左画了双直线。

在"代替那存在着各种阶级以及阶级对立的资产阶级旧社会的，将是一个以各个人自由发展为一切人自由发展的条件的联合体"。这段文字旁画了直线、双直线和曲线。

以上列举的毛泽东在读《共产党宣言》一书所作的圈圈画画，一方面说明毛泽东读书是非常认真、非常用心的，另一方面也说明当时的毛泽东很想从本书中找到解决当时中国社会主义建设中遇到的实际问题的答案。在他当时的思想上已经把《共产党宣言》与中国社会主义建设中遇到的实际问题紧密地联系起来了。联系实际读马列，这是毛泽东读书的一个显著的特点。

在整个社会主义建设时期，毛泽东从未中断对《共产党宣言》的研读。1963年，他提出要学习包括《共产党宣言》在内的30本马列著作，并指示30本书都要出大字本，以便老同志阅读。其中，《共产党宣言》不仅出了大字本，还出了竖排的线装本。1965年4月，他在长沙召集了艾思奇等5位专家，连同他自己共6个人，要为《共产党宣言》等6部马列经典著作的中文版各写一篇序言，毛泽东自告奋勇，要亲自为《共产党宣言》中文本作序。他生前还多次表示：要结合中国革命的经验，为《共产党宣言》作注释。遗憾的是他的这一愿望没有实现。1970年，在批判陈伯达的"批陈整风"运动中，毛泽东再次号召党内外广大干部和群众学习马列6本书，居其首者，仍是这本《共产党宣言》。

1974年，毛泽东在一份指示中，要曾经长期从事《共产党宣言》翻译工作的成仿吾到中央党校，专门从事马恩著作中译本的校正工作。此后，成仿吾就带着几位助手，对《共产党宣言》中译本进行了严格的校正。1976年5月的一天，当朱德读完仿吾重新译校的《共产党宣言》试用本以后说："你们重新译校的《共产党宣言》，我昨天一口气看完了，很好，很好懂，主要问题都抓住了。"他又说:"现在许多问题讲来讲去,总是要请教马克思和恩格斯,总得看《共产党宣言》是如何讲的。""有许多干部都亲自听到过,毛主席说自己每年都把《共产党宣言》读几遍。"①

毛泽东不但研读中文本的《共产党宣言》,而且对英文版的《共产党宣言》也颇有兴趣。他老人家当年的秘书林克同志回忆说:从1954年秋天起,毛主席重新开始学英语。"毛主席想学一些马列主义经典著作的英文本,第一本选的就是《共产党宣言》,这本书的文字比较艰深,而且生字比较多,学起来当然有不少困难,但是他的毅力非常坚强。我发现他在《共产党宣言》的第一页到最后一页,全部都密密麻麻地用蝇头小字注得很整齐,很仔细,他的这种精神,很感人。"② 对于这部英文版的《共产党宣言》,一直到晚年,毛泽东每重读一遍,就补注一次。他老人家还风趣地说:"我活一天就要学习一天,尽可能多学一点,不然,见马克思的时候怎么办?"

1920年,毛泽东27岁。从青年到晚年,一直到他生命的最后岁月,毛泽东对《共产党宣言》都充满着浓厚的兴趣。一本《共产党宣言》传到中国,毛泽东前后读了57年。57年里,毛泽东不知读过多少遍!他读过的版本中南海故居存放的就有:1943年延安解放出版社出版,博古译的版本;1949年解放出版社,根据苏联莫斯科外文书局出版局中文版翻印的版本;1964年人民出版社出版,中共中央马恩列斯著作编译局翻印的大字

---

① 范若愚:《无产阶级将获得整个世界》,《人民日报》1978年2月18日。
② 林克:《真理的召唤》,《人民日报》1990年8月15日。

本等几种。1976年9月毛泽东逝世以后，我们在他书房床边经常阅读的书中，还发现了两本战争年代出版的《共产党宣言》。还有他生前读过的英文版。当然，这还是很不完全的，1920年陈望道的翻译本，故居里就没有看到。还有战争年代他读过的已经丢失的各种版本。这本马列经典大作，多种版本长期放在他睡觉的床边，会客的书架上，他是随时可以翻阅的。57年里到底读过多少遍，谁能说清楚呢！我们知道的是：《共产党宣言》陪伴毛泽东57年，毛泽东读《共产党宣言》也读了57年，《共产党宣言》是毛主席非常珍视、非常爱读的"重点"书籍之一，是毛泽东生前读的遍数最多的一本马列主义经典著作。

2. 读《一种清醒的作法》

"很有意思，必读之书。"这是毛泽东1960年6月21日在读了英国陆军元帅蒙哥马利著的《一种清醒的作法》一书后写下的批语。毛泽东一生中读过很多外文书，批语也写过不少，但如此批注的还不多见。如此批注从中南海毛泽东故居收存的毛泽东生前阅读批注过的千万册书籍中，笔者所见到的，这还是第一次。

蒙哥马利元帅，据《简明不利颠百科全书》介绍，他是第二次世界大战中盟军杰出的指挥官之一。北爱尔兰人血统。曾在伦敦圣保罗学校和皇家学院受教育。在第一次世界大战中崭露头角，战后留任军官，以干练和坚强著称。第二次世界大战初期任师长，在法国战场作战。从敦刻尔克撤退后，他在英格兰东南地区任司令官。1942年8月去北非任英国第八军军长。他遏止了德军的攻势，并在阿拉曼战役后把隆美尔赶出埃及。

1943年5月迫使德军在突尼斯投降。盟军顺利地攻入西西里。1943年参加攻占西西里和登陆意大利。1944年统帅盟军进入法国，6月6日指挥盟军进入诺曼底。他晋升陆军元帅后，率领英国和加拿大军团横扫法国北部、比利时、荷兰和德国，1945年5月4日在吕纳堡荒原接受德国北方军的投降。1946年封子爵。1946—1948年任帝国总参谋长。1948—1951年任西欧联盟主席。1951—1958年任北大西洋公约组织军队副司令。蒙哥马利始终是一位谨慎、彻底的战略家。他坚持每次出击以前，在人力物力上做好充分准备，虽然对于战争来讲延续了进程，但却稳妥可靠并保证了他在部下中的声威。

《一种清醒的作法》，北京编译社根据伦敦柯林斯出版社公司1959年英文版翻译，世界知识出版社于1960年3月作为内部读物出版。该书除序言外，内容有以下五部分：一、北大西洋公约组织——过去、现在和未来；二、在莫斯科同赫鲁晓夫会谈；三、1945年5月第二次世界大战结束以前的历史（契契利讲座第一讲）；四、战后的年代（契契利讲座第二讲）；五、日内瓦外长会议的实质问题。全书5.1万字，大32开平装本。毛泽东用红铅笔在这本书的封面上做了批语。

批语全文如下：

少奇、恩来、小平三同志阅，很有意思，必读之书。

毛泽东
六月二十一日

本书封面上，除写有上面的批语外，毛泽东还在书名"《一种清醒的作法》"和"世界知识出版社"下面分别画了粗粗的曲线，"蒙哥马利著"下面还画了粗粗的横道。毛泽东在这里所画的曲线和横道是什么意思呢？这应当和他老人家写的批语一同考虑。毛泽东到了晚年，常常将他认为值得一读的书批送刘少奇、周恩来、邓小平、彭真等中央领导同志阅读。例如，1965年，毛泽东读到二十四史中的《后汉书·黄琼传》和《后汉书·李固传》时，他认为这两个人的传都值得一读，就亲手批了"送刘、周、邓、彭一阅"，"送陈毅同志一阅"（刘是指刘少奇，周是指周恩来，邓是指邓小平，彭是指彭真。——笔者注）。可是这里写的批语是要刘少奇、周恩来、邓小平三同志阅。他既不是送阅，也不是传阅，很显然是要他们自己去找书阅。他们自己怎么去找呢？这就要通过工作人员把书名、作者、出版单位了解后找到这本书。这可能就是毛泽东画粗粗的曲线和横道的缘故吧！曲线和横道在这里还有没有什么特定的含义呢？曲线和横道所表示的意思是不是一样呢？这还是有待于今后进一步的研究。

《一种清醒的作法》其主要论点有哪些，毛泽东为什么如此批语呢？甚至英国陆军元帅蒙哥马利在1959年东西方外长会议期间，在牛津大学作了两次讲演，并在伦敦《星期日泰晤士报》连续发表文章，鼓吹西方采取新的策略，逐步同苏联达成协议，企图通过所谓"自己活也让别人活"的方式，来实现最后战胜共产主义的妄想。后来他把这些文章和讲演稿集成一本书，书名定为《一种清醒的作法——东西方关系研究》。世界知识出版社1960年出版本书时，将这本书的主要内容及其作者的主要论点概括为如下七个方面：

（1）西方虽取得对德战争的胜利，但在政治上输给了苏联。主要原因是由于美国军事思想的错误和美英之间的深刻矛盾。蒙哥马利认为，美国主张一切军事行动必须从纯军事理由出发而不考虑它的政治反响的做法是错误的，它"应该对我们（西方）今天的某些烦恼负责"。

（2）西方战后在同东方的全球性斗争中遭到惨重的失败。蒙哥马利认为，反对共产主义的斗争是全球性的，不仅仅限于北大西洋地区。从世界范围来看，西方处处在败退。蒙哥马利还分析了东西方阵营力量对比的变化。

（3）蒙哥马利认为，西方的真正的危险不在北大西洋地区，而在其他地方，特别是亚洲和非洲。西方要赢得一场竞争，必须注视外界的情况。未来的斗争将是政治和经济的斗争，更是意识形态和争取人心的斗争。西方必须采取一种新的、更灵活的方式来谋求东西方的"和平共处"。要在这方面取得进展，双方必须接受某些原则或"现实因素"。

（4）蒙哥马利在书中露骨地提出争取一个"友好的中国"是西方两大政治目标之一。实现这个政治目标，"事不宜迟。早在几年以前我们就应该开始了"。他认为中国目前还是忙于自己的内政，不久就会成为太平洋和东南亚各国的威胁，因此，"对毛泽东有必要加以注视"。

（5）蒙哥马利认为，目前还没有一项"把北大西洋公约组织和它外面的世界连接起来"的一致的政策，西方"目前还没有显然能被大家接受的领导"，因此，他强调西方在当前斗争中最需要的是团结和领导，并主张对北大西洋联盟整个政治军事机构进行彻底检查和改革。

（6）关于缓和东西方的局势，蒙哥马利认为当前东西方都不愿意进行全面核战争，应强调通过谈判来缓和目前的紧张局势。在东西方关系中，蒙哥马利主张首先解决最危险的西柏林问题，他认为唯一办法是采取渐进的态度，通过小协议达成较大的协议。他说，斗争是"艰苦而漫长"的，但"时间对我们（西方）是有利的"。

（7）蒙哥马利在结论中表露了他的"和平取胜"的狂妄企图，鼓吹西方必须改变策略，寄希望于下一代（25年），把苏联变成基督教世界的一部分。他说，如果西方能够觅得同苏联"自己活也让别人活"的某种途径，假以时日，"文明和教育的进展"将会使苏联发生"巨大的变革"，从而"使苏联变成基督教世界的一部分"这一问题得到"圆满的解决"。

如果说以上这些内容和政治论点还不足以说明毛泽东"很有意思，必读之书"的批语的缘起，那么，我们再来看看毛泽东阅读这本书的实际情形吧，也许从中也能得到一些启示。

前面我们已经说过，《一种清醒的作法》是世界知识出版社1960年3月出版，毛泽东的批语是6月21日写下的。这就说明在6月21日之前，毛泽东就读过这本书。蒙哥马利元帅1960年5月访问我国，这次访问是他本人向毛泽东提出的要求，在得到毛泽东的答复："非常欢迎他在适当的时候访问中国"之后成行的。5月27日，毛泽东在上海接见了正在中国访问的蒙哥马利元帅并共进晚餐。蒙哥马利来访，毛泽东表示非常欢迎并要亲自接见。按照惯例，这些外事活动都要提前安排，有关蒙哥马利的政治观点等情况毛泽东也会早作了解的。那么，对新出版

六学毛泽东有"选择"有"重点"的读书

的汇集了蒙哥马利一系列政治观点和主张的新著——《一种清醒的作法》，外事部门不会不阅读。由此可知，《一种清醒的作法》这本书，毛泽东在接见蒙哥马利之前也就是5月27日之前就可能读过。何时阅读的，仅是一个时间概念，这倒无关紧要。重要的是毛泽东如何阅读这本书，书中哪些内容使毛泽东觉得"很有意思"，毛泽东又为什么称这本书为"必读之书"呢？

毛泽东阅读过的《一种清醒的作法》这本书，笔者是在他老人家逝世后见到的。原来这本书连同其他一些阅批过的书，他一直放在自己身边。1976年9月9日以后，我们开始整理他阅批过的图书时才看到。既然毛泽东认为"很有意思，必读之书。"所以，我们就从头至尾用心翻读过一遍。我们看到，这本书的第三部分即1945年5月第二次世界大战结束以前的历史，也就是1959年5月15日蒙哥马利在牛津大学的讲演，毛泽东圈画最多。圈画虽然和文字批注不一样，他不能直接表明毛泽东的看法和想法，但它是毛泽东阅读过程中亲笔圈画的，是毛泽东读书生活的鲜明标志。这些密密麻麻的圈圈、横道、竖道等种种标志，圈画者的本意是什么呢？这里笔者一时也难以说清。

圈画的地方很多，我们不能一一去介绍。这里我们仅按照原书的顺序，将毛泽东圈画过的部分文字摘录如下：

> 我国（指英国——笔者注）在1939年对第二次世界大战丝毫没有准备。（第28页——指原书页码，下同。）

> 在希特勒战争进行了大约四年以后，形势已经很清楚。……后来，战争一结束，在那些过去逆来顺受

或附属的地区，强烈的民族主义情绪开始发展，于是世界开始陷入我们今日所处的混乱之中。最糟的是，恐怖一消除，西方的队伍马上就出现了不团结的现象，这就使我们比以往更难于坚持自己的立场，来对付集中统治的共产主义东方。（第28—29页。）

……这两次大战可能都是由于没有准备而引起的；在每次大战后，我们完全没有获得人们希望甚至许诺胜利会给我们带来的利益。（第29页）

……国际共产主义理论是今日西方一切烦恼的基本根源……（第29页）

罗斯福费尽气力要使美国参战，但是收效不大。在一个特殊问题上，要使人口众多的美国人民团结一致是不容易的。最后还是日本人替他办了这件事；日本人在珍珠港的行动使得美国人在几分钟之内便团结起来。（第34页）

……1942年11月，美国参战一年以后，美国陆军第一次在北非参加欧洲战事，这时人们发现美国部队非常"嫩"。丘吉尔和他的军事顾问们都知道，美国军队在1942年决不会是"能征惯战"的，足以在欧洲战场承当一个反击德军强大力量的角色，甚至到1943年夏天也不可能。（第34页）

……（罗斯福和丘吉尔）两个人都常常想同斯大林单独地好好谈谈。两个人对于对方单独会见斯大林都有点猜忌！（第35页）

1943年1月24日，罗斯福在卡隆布兰卡举行的记者招待会上宣称，盟军决定强使德意日接受无条件投降。一般都认为，他发表这一声明是出于一时的心血来潮，事先并没有经过仔细考虑。事实并不是这样。

1942年春，华盛顿的一个委员会就已经在研究"战争结束"的问题了，它已经注意到德国战争结束时的情况，当时仅仅是休战，而没有强迫德国无条件投降。他们认为，这一错误决定对于引起第二次世界大战应负直接的责任。该委员会建议，这一次要强制执行无条件投降。

这一声明究竟是什么意思，始终没有明确。这是不是说三国政府得交出它们的整个国家呢？是不是总得有个政府呢？或者说，这仅仅是武装部队的无条件投降呢？（第35—36页）

国家都是为了政治原因而走向战争的。在分明就要获得胜利的时候，政治决策便成了首要的事。当时，重要的是怎样指挥作战，能以一种有利于取得和平的政治均势来结束战争。克劳斯维兹（普鲁士名将兼军事战略作家，著有《战争论》。——笔者注）的学说是，战争继和平而来；但也可以反过来：和平继战争而来。（第37页）

……既然知道在东欧以及德国的未来这两个问题上同斯大林打交道要遇到什么困难，那么西方盟国就应当确保自己的武装比俄国抢先一步占领中欧的重要政治中心，特别是柏林、布拉格、维也纳。作为一个军人，我经过考虑后认为，如果1943年1月罗斯福和

丘吉尔就把这一点当作目标确定下来,我们可以在1944年比俄国人捷足先登,占领这三个地方。(第37页)

....

蒙哥马利的这些言论和观点,当然是站在西方资产阶级的立场上,是代表和维护本阶级的利益而阐发的,许多言论和观点既是侵略者本性的写照,又不加掩饰地对我们进行攻击。例如,对社会主义、共产主义"和平取胜"的企图(也就是我们今天所说的西方和平演变战略);把争取一个"友好的中国"作为西方两大政治目标之一;认为中国不久就会成为太平洋和东南亚各国的威胁;"对毛泽东有必要加以注视";等等。这位英国元帅在他1958年出版的回忆录中,就曾发表过类似的言论攻击中国。他说:"……在远东,倘各国恐惧外来侵略的话,那是中国而非俄国,我们必须这样看待问题,并据此推行健全而一贯的政策。"直到1960年5月来中国访问后,在与毛泽东谈话中当谈到中国在未来世界事务中的力量时,这位元帅还坚持说:"在一定的年限内,中国将成为拥有超过十亿人口的巨大力量的强大国家。""……当一个国家强大后,便要攫取国外领土。"可见,敌视中国是蒙哥马利一贯的观点。

这位在电影电视中总是头戴紫红色贝雷帽的英国元帅如此这般攻击过中国,那么,到了1960年的时候他为什么又愿意访问中国呢?是新中国翻天覆地变化的内在吸引力?还是北京的故宫、西安的兵马俑、中华大地的万里长城等古老文明的魅力?还是为缓和国际紧张局势、为世界和平而把中国这一世界人口最多的国家作为他的研究重点？

这些我们不能轻加妄断，要有待于历史的研究去作结论。

不过，这位英国元帅 1959 年访问苏联，漫步在莫斯科红场，在思索苏联领导人同他的谈话时，他曾意识到从长远的观点看，世界和平的关键可能在中国。因此他产生了访问中国的念头。

这时候，蒙哥马利已经结束了他的戎马生涯了。一位已经退了休的元帅，还有志于国际政治、经济、文化问题的研究，而且是战略性的研究；还愿意为缓和国际紧张局势、为世界和平做出努力。所以，毛泽东等中国领导人没有把这位已经无职无权的勋爵拒之于国门之外，还是欢迎他来中国访问，并且热情友好地接待了他。

尽管中国人民的伟大领袖毛泽东已经表示过，欢迎蒙哥马利元帅访问中国。但这位元帅因曾攻击过中国、攻击过毛泽东，所以在他见到这位曾是唤起工农千百万，倒海翻江卷巨澜，万水千山只等闲，敢教日月换新天的新中国各族人民的伟大领袖毛泽东之前，必有疑虑，很不踏实。当时西方世界也有人把毛泽东描绘成一个残酷无情的暴君，一个不近人情的统治者，甚至有人还把毛泽东说成杀人不眨眼的恶魔。据有关书籍介绍，蒙哥马利为此还曾询问过印度总理尼赫鲁。蒙哥马利的询问引起了尼赫鲁的大笑。尼赫鲁说："那些说法很不正确。毛泽东的样子像一位和蔼的老伯伯，他自己受过许多苦难"[①]。尼赫鲁的话并没有消除这位元帅的疑虑。在来中国访问之前，他自己还

---

① 董保存：《在历史的漩涡中》，中外文化出版公司 1990 年版，第 161 页。

十分用心地研究了西方世界能够找到的有关毛泽东的资料。但对毛泽东究竟是怎样一个人,他并没有找到一个明确的答案。当他来到中国之后,毛泽东的幽默谈吐,最令他兴奋,使统帅和元帅之间的"东西方距离"很快地缩短了。

蒙哥马利见到毛泽东,毛泽东对他说的第一句话就是:"你知道你在同一个侵略者谈话吗?你在同一个侵略者谈话。在联合国,我被扣上这样的称号。你是否在乎同一个侵略者谈话呢?"毛泽东在这里说的是"联合国",并没有说蒙哥马利本人。这大概是第一次见面,毛泽东给客人留的面子吧。

身为陆军元帅的蒙哥马利怎么会不知道,联合国曾经通过谴责中国"侵略"朝鲜的决议呢!他怎么会忘记他自己前些年所写的回忆录中和《一种清醒的作法》这本新著中曾有过这样的观点呢!然而,他无论如何也不会料到,毛泽东会这样地向他提出问题。所以,他对毛泽东的问话很感吃惊。

毛泽东独特的思维方式,特有的谈话艺术,热情友好的语言和态度,使这位心中无底、存有疑虑的元帅随着与毛泽东谈话的延续,很快地竟像老朋友一样无拘无束了。他们俩的这一次谈话从当前中国的政治、经济、军事,到中国人每个星期休息一天,几乎无所不谈。

就是这一次的谈话,毛泽东还针对蒙哥马利"中国强大后便要侵略别国领土"的错误观点说:"下一代会出现什么情况,我们很难预料。在我活着的时候,中国不会越出边界侵略别人。也不企图把共产主义思想强加于别的国家。中国深受外国的侵略和剥削,我们只要求别人不干预中国的事情……"毛泽东坚强真切的话语,使得这位元帅听得入了神。毛泽东一讲完这段话,他就说:很可惜,对西方人来说,中国是一个"闭门的社会",这种政策使西方人不能很了解中国,造成了许多曲解。

蒙哥马利就是西方人,这里说的"不能很了解中国,造成了许多曲解",是否也应当包括他自己呢?他自己以前所写的回忆录中和《一种清醒的作法》一书中对中国和毛泽东攻击的言论和观点,是不是也是因为"不能很了解中国"而造成的一种曲解呢?不过这些都已经成为历史。以上这些是否可以理解为毛泽东批语的第一个方面的原因呢?

毛泽东批语的第二个方面的原因,是蒙哥马利在这本书中,一方面以总结历史经验为途径,从整个的战略和策略等诸方面为西方统治者图谋良策。他说:"我将看看是否能提出个方法,为我们国家——其实是为我们整个西方——所处的困境提供一个合理的思想行动基础。"这就是他写这本书的根本目的。蒙哥马利在书中多处强调西方统治集团要对社会主义各国"和平取胜",必须要改变策略。他说,西方要赢得下一场竞争,必须要注视外界的情况。东方要"争取成功",将不是对西方采取直接军事行动,而是从西方的原料和粮食的基地和交通线下手。他还强调说,未来的斗争将是政治和经济的斗争,更是意识形态和争取人心的斗争。西方必须采取一种新的、更灵活的方式来谋求东西方的"和平共处"。关于缓和东西方的局势,蒙哥马利认为当前东西方都不愿意进行全面核战争,应强调通过谈判来缓和目前的紧张局势。关于欧洲安全问题,蒙哥马利主张"慢慢来",先在欧洲中心划定的小范围内实行一项"简单"的视察计划,再逐渐推广,不能强迫西方接受东方的计划。"一揽子"计划是行不通的。唯一办法是采取渐进的态度,"一步一步、一点一点地"获得解决，通过小协议导致较大的协议。蒙哥马利在这本书中还说：斗争是"艰苦而漫长"的，但"时间对我们（西方）是有利的"。

另一方面，蒙哥马利通过介绍"从第一次世界大战起，一直到希特勒战争"这段历史，向当时世人披露了西方统治集团内部许多鲜为人知的一些"内情"和他们相互之间的深刻矛盾。蒙哥马利1959年5月15日在牛津大学的讲演中首先回顾了西方在第二次世界大战中未能阻挠世界共产主义力量发展的经过。在战争期间，罗斯福和丘吉尔都"深深了解"斯大林对疆界和势力范围的态度，但都不愿进行一场可能影响苏联作战努力的争论。为了诱使苏联不坚持对领土问题的讨论，罗斯福反对在战争结束前讨论领土问题，并答应从速开辟第二战场。美国最初计划于1942年在法国登陆，企图集中兵力进攻德国，再转移力量攻打日本，但英国认为当时美军不可能充当在欧洲反击强大德军的角色，1942年年底美军在北非初次同德军交锋时，人们仍发现美军完全是生手。

蒙哥马利在这本书中认为，美国主张一切军事行动必须从纯军事理由出发而不考虑它的政治反响的做法是错误的，它"应该对我们（西方）今天的某些烦恼负责"。他在书中还抱怨许多西方国家只是挂名的盟国，它们在某一纬线以北是盟国，但在这条线以南却采取互相矛盾的政策，目前还没有一项"把北大西洋公约组织和它外面的世界联结起来"的一致的政策，甚至在联盟的内部也缺乏共同的政策。

类似以上这两个方面的内容，书中还有很多。这里我们不再一一介绍。为西方国家图谋良策也好，披露西方国家"内情"

和"内部矛盾"也好，读了本书之后，都可以加深我们对西方统治集团的了解和他们侵略本性的认识。这些能不能作为毛泽东批语的第二个方面的原因呢？

第三个方面的原因，就是蒙哥马利虽然是资产阶级军事家、战略家，但作者在这本书中阐发的某些观点和看法还是很为开明的，也是颇有见地的。其中有一些看法，客观事物的发展已经作出了肯定的回答。例如，蒙哥马利在书中说，假如有25年的时间，随着"文明和教育（指西方和平演变战略的宣传——笔者注）的进展"，将会使苏联发生"巨大的变革"，使之变成基督教世界的一部分。苏联的解体，东欧的剧变，不就是蒙哥马利主张的所谓"文明和教育"的结果吗？！不就是西方世界包括蒙哥马利在内的长期梦寐以求的"和平取胜"的战略的实现吗？！在本书中，蒙哥马利还有这样一段话："国家都是为了政治原因而走向战争的。在分明就要获得胜利的时候，政治决策便成了首要的事。当时，重要的是怎样指挥作战，能以一种有利于取得和平的政治均势来结束战争。克劳斯维茨的学说是，战争继和平而来；但也可以反过来：和平继战争而来。"（第37页）上面我们已经介绍过，这段话是毛泽东阅读过程中圈划过的。最后两句"战争继和平而来""但也可以反过来：和平继战争而来。"除分别画了横道外，每句后面还画了一个大圈，在这句话旁边的书页空白处还画了两条粗粗的竖线，使这两句话在本书中显得格外突出。蒙哥马利的这段见解显然是很对的。"国家都是为了政治原因而走向战争的。"这是一位政治家、军事家的真知灼见。毛泽东在这里又画又圈，说明他对蒙哥马利的见解很重视。画两条竖线的那两句话，说明他是很为赞赏的。

写到这里，笔者又联想到1961年蒙哥马利第二次来中国访问的时候，9月23日，毛泽东在武汉又一次接见了这位英国元帅，并共进晚餐。就是在这一次的接见中，毛泽东称赞这位英国元帅说："我看得出你很开明。"这是毛泽东第一次对西方将领的夸奖。

毛泽东为什么这样夸奖英国的这位陆军元帅呢？事情还得从头说起。

9月23日，毛泽东在武汉接见蒙哥马利元帅并共进晚餐之后，两位老朋友的谈话又持续了一段时间。因毛泽东要回北京参加新中国成立的庆祝活动，所以这次谈话时间不很长。谈话结束时，蒙哥马利对毛泽东说，"同主席先生谈话，很受益，我希望明晚再谈一次。"毛泽东告诉他，明天要离开武汉到别的地方去，以后还有会面的机会的。蒙哥马利的请求不能如愿不免有点遗憾。

可是，就在蒙哥马利的遗憾还没有完全消除的时候，凌晨四点钟，毛泽东突然改变行程，决定继续同蒙哥马利会谈。蒙哥马利再次来到了毛泽东的住处，他们开始更为深入有趣的谈话。

蒙哥马利说："一个国家，一支军队至关重要的是领袖，人民并不总是知道他们最有利的是什么，因此领袖必须做出决定。"

毛泽东完全不同意这位元帅的观点。毛泽东说："人民的意志最重要，当人民信赖一个人时，他们就会接受他的领导和决定，否则，人民就会反对他……"

毛泽东的话还没有说完，蒙哥马利就插话说："这正符合我的哲学,胜利的取得,首先在于赢得人心,一旦你取得你周围的人们和为你工作的人们的信任时,就可能取得最大的成就。"

听了蒙哥马利这段富有哲理的话之后,毛泽东因此说了前面提到的那句夸奖。

是的,蒙哥马利元帅确是一位很开明的人。还是在1960年5月第一次来中国访问的时候,他就意识到中国在未来世界事务中的力量,他很有把握地说过:"在一定的年限内,中国将成为拥有超过十亿人口的巨大力量的强大国家。"现在中国人口已超过十四亿了。

关于销毁核武器问题,蒙哥马利认为:核武器的销毁,要等到东西方的不信任和猜疑减少了,裁军协议达成了,所有国家的武装部队从别的国家撤回到他自己的领土以内之后。他还说:"销毁核武器,是裁军计划中最后的项目,而不是第一项。"蒙哥马利的这种见解,使得当时的国家主席刘少奇听后连连点头。

关于中国发展核武器的问题,1960年来中国访问与周恩来总理会谈中,蒙哥马利预感到,中国将在1963年或1964年突破核障碍。而1964年中国的确成功地爆炸了第一颗原子弹。

关于对台湾问题的立场,1960年5月28日,蒙哥马利元帅在上海欢迎他的宴会上说,在亚洲来讲,一个大问题就是台湾问题。作为一个有理智的男人,我一贯认为世界上只有一个中国,中国政府在北京,台湾是中国领土的一部分。

....

这样开明的西方军界要人,他的一系列政治、军事观点和战略、策略观点等大都在《一种清醒的作法》一书中得以体现。

阅读这本书，对认识和了解西方统治集团和平演变的战略与策略以及他们之间的内部矛盾和内部斗争的情形，对认识和了解蒙哥马利元帅等西方政界、军界要人的政治、军事观点等都不无益处。所以毛泽东批语认为《一种清醒的作法》这本书"很有意思，必读之书"。

笔者以上主观的分析和理解肯定不能代替毛泽东批语的原来的意义。要想知道毛泽东批语的真正的意义，请您试着读一读《一种清醒的作法》这本书。

3. 一部"二十四史"手不释卷读了24年

毛泽东从青年时代起，就喜欢阅读传统的经、史、子、集著作，"苟有志于学问，此实为必读而不可缺"，这是青年毛泽东对中国传统文化典籍的态度。后来毛泽东走上革命道路，担当起革命的重担。在繁忙的领导工作岗位上，在日理万机的岁月里，对历史书依然是深嗜笃好。他对史籍的爱好，是贯穿于他的一生的。

在毛泽东晚年的图书服务工作中，我们知道，70年代之后，毛泽东身体状况越来越差，在身患多种疾病的情况下，还坚持读了很多的历史书籍。晚年，毛泽东读得最多的、批注批画最多的历史书是"二十四史"。

在毛泽东中南海故居藏书中有一部清乾隆武英殿版的"二十四史"。这部"二十四史"，是1952年，他老人家身边的工作人员根据他阅读中国古籍的广泛需要而添置的。这是一部大字木刻线装本，毛泽东生前特别喜爱。每次去外地视察工作，参加会议和调查研究时，他老人家都嘱咐工作人员带上这部史籍，

六学毛泽东有"选择"有"重点"的读书

走到哪里，带到哪里，读到哪里。从 50 年代到 70 年代，无论在外出的火车上、飞机上，无论在住地的会客厅里、书房里、办公室里、卧室里，无论白天、黑夜，工作人员随时都可以看到他老人家凝神静气地读"二十四史"的身影。如果要问毛泽东晚年最爱读什么书？笔者可以负责地告诉大家，就是这部乾隆武英殿版的"二十四史"。

"二十四史"是学习中国历史，研究中国历史必读之书。它不仅具有极其重要的史学价值，而且具有极其重要的文学价值。它是中华民族引以为荣并值得进一步发扬光大的宝贵传统文化遗产中的瑰宝。

如果说毛泽东从青年时代开始阅读"二十四史"还只是单本、篇章，那么从 1952 年之后，毛泽东读乾隆武英殿版的"二十四史"，就是全面、系统地研读了。从 1952 年再读这部卷帙浩繁的史书起，到 1976 年 9 月，他老人家辞世止，这部"二十四史"，毛泽东整整读了 24 年。特别是 70 年代之后，毛泽东已经重病在身了，他老人家还夜以继日地阅读这部史著，真是感人至深，令人心折。

毛泽东读"二十四史"是不分白天、黑夜的。白天读，黑夜里读，常常是通宵达旦地读。有一张社会上流传很广的毛泽东夜晚坐在沙发上读书的照片，手里拿着的就是这部"二十四史"中的一本，时间是 1961 年。毛泽东读"二十四史"常常废寝忘食。读书忘记吃饭，这是常有的事。就是吃饭时他也常常边吃边看。他吃饭与常人不同，不按时、不按顿，有时吃一顿饭，热来热去，端来端去，反复几次他才顾得上吃。吃完饭又继续看书。他读书，没有固定的时间，有空就读。还爱晚上看书，常常是看着看着睡着了，睡着睡着又醒了，醒来接着看。1972年之后，他看书大多是躺在床上看的。晚年病重期间，他还坚持天天读书。腿病不能站立、走路，坐在沙发上、躺在沙发上还坚持读书。毛泽东晚年，读"二十四史"的精神和毅力，是我们常人不能相比的。

"二十四史"，毛泽东24年读而不倦，学而不厌，全书文字他至少通读了一遍。《史记》《前汉书》《后汉书》《三国志》《旧唐书》《新唐书》《晋书》《旧五代史》《明史》等书中的人物本纪、人物传记等许多篇章，不知反复读了多少遍。

最让人难忘的是，1975年，毛泽东已经82岁高龄，而且眼睛患白内障，逐渐看不清东西了，医生建议他每天不看书或少看书。他对医生的话毫不在意，每天照样看书。实在不方便看了，就让身边工作人员给他读书。为了满足他每天读书的需要，1975年5月下旬，经他本人同意专门请来了北京大学中文系讲师芦荻同志到中南海给他读书。那些时日，芦荻老师几乎每天都要给他读"二十四史"，读鲁迅著作，读其他多种他想要看的著作。有时边读边谈，有时他还向芦老师提问，或者交换对书里某个问题的看法。芦老师对中国文学、中国历史、鲁迅著作等都很熟悉，都有研究。毛主席时常与她谈书、谈历史、谈人物。1975年7月23日，毛泽东有一只眼睛做了白内障摘除手术。手术之后，视力稍有好转，他老人家就自己读"二十四史"了，一边读，一边用颤抖的手提笔在《晋书》三个分册的封面上分别写了"一九七五，八"，在五个分册的封面上分别写了"一九七五，八月再阅"，"一九七五，九月再阅。"

这些字虽然写得不是很工整流畅，字迹笔画有些歪斜无力，但它是毛泽东晚年读"二十四史"最有力、最真实的反映。1975年8月、9月,毛泽东已经重病在身,说话已说不清楚,两腿不能自如走动了,每天几乎在床上或者半躺着,或者臂靠在床头上,一本一本地读着,凝神静气地思考着。

1976年5月起,毛泽东的病情不断加重,健康状况越来越差。6月初,他突患心肌梗死,经及时抢救,脱离了危险。之后不久,毛泽东许多时间都处在昏迷半昏迷状态,靠鼻饲生活。据医疗组的护理记录,1976年9月8日这一天,毛泽东看文件、看书11次之多,共计2小时50分钟。毛泽东读过多遍的这部"二十四史"中的《晋书》《南史》等分册就一直放在他的身边,这部书一直陪伴着他到生命的最后一息。

毛泽东为什么如此下功夫读"二十四史"呢?一部"二十四史",他反反复复读了24年,到底是什么原因呢?笔者认为至少还有以下三个方面的重要原因。

第一个方面,是为了了解中国历史,了解中国几千年的文明史,了解中国"古今学说制度的大要"。

从毛泽东在青年时代没有出国留学的思想渊源来看,当年他的同代人中有不少人出国求学了,他的同学中也都劝毛泽东出国磨砺,如新民学会会友罗学瓒在给毛泽东的信中说:"惟弟甚愿兄求大成就,即此刻宜出洋求学。若少迟延,时光既过,人事日多,恐难有多时日求学矣。……润之兄啊!你是一个有志的人,是我们同伴中所钦佩的人,你如何带一个头,学他十年八载。异日回国,……各抒所学以问世,发为言论作社会之唤醒提倡者。"其言辞之恳切,期望之宏大,真是感人。

但毛泽东最终还是留了下来,留在了国内。他那时认为留在国内探索的好处是：（1）"看译本较原本快迅得多"，利于在"较短的时间求到较多的知识"。（2）"世界文明分东西两流，东方文明在世界文明内，要占半壁的地位。然东方文明可以说就是中国文明，有人似应先研究吾国古今学说制度的大要，再到西洋留学才有可资比较的东西。"（3）"吾人如果要在现今的世界稍微尽一点力，当然脱不开'中国'这个地盘。关于这地盘内的情形，似不可不加以实地的调查，及研究。这层功夫，如果留在出洋回来的时候做，因人事及生活的关系，恐怕有些困难。不如在现在做了。"① 在另一处，他还说："我觉得关于自己的国家，我所知道的还太少，假使我把时间花费在本国，则对本国更为有利。"②

毛泽东没有走出国门，壮游世界。相反，当许多人都在国外住洋房，吃面包时，他却走向了中国的穷乡僻壤，走向了社会的最底层，住茅屋，吃南瓜。通过调查了解中国社会问题和劳动人民的生活状况，从读"无字之书"中获得了丰富的中华民族的社会历史知识。

毛泽东青年时期的这些想法、看法、做法，特别是他的"似应先研究过吾国古今学说制度的大要"的主张，这与他后来下功夫读"二十四史"是密切联系的。前者是因，后者是果。毛泽东晚年还那样不分昼夜地读"二十四史"，就是为了更好地、更深入地了解中国"古今学说制度的大要"，就是为了对自己的国家知道得更多一些。"二十四史"就是了解我国"古今学

---

① 《毛泽东早期文稿》，湖南出版社1990年版，第474页。
② 中国革命博物馆：《新民学会资料》，人民出版社1989年版，第402页。

说制度的大要"最好的、最完整的知识宝典。

要全面地了解中国几千年的历史，不可不读"二十四史"。正如 1975 年毛泽东与芦荻老师关于读"二十四史"的谈话时所说的："一部二十四史大半是假的，所谓实录之类也大半是假的。但是，如果因为大半是假的就不读了，那就是形而上学。不读，靠什么来了解历史呢？反过来，一切信以为真，书上的每句话，都被当作证实的信条，那就是历史唯心论了。正确的态度是用马克思主义的立场、观点和方法，分析他、批判他。把颠倒的历史颠倒过来。"[①]

这说明，毛泽东下苦功读"二十四史"，就是为了了解中国历史，了解中国几千年的文明史，了解中国"古今学说制度的大要"。

第二个方面，是为了借鉴历史，为了从历史中寻求治理国家的启示、经验、教训，为今天的现实斗争服务。

学习研究中国历史、包括学习研究"二十四史"，了解把握"古今学说制度的大要"，最重要的目的是要为今天的现实斗争服务。鉴往知来，是为了治国安邦。学习了解中国几千年的文化遗产，有批判地继承和发展我们民族的文化遗产的精华，汲取对今天、明天，对政治、社会、经济、科学、文化等建设和发展有益的东西，让其更好地为现实斗争和建设事业服务，这是毛泽东酷爱历史，孜孜不倦地学习研究"二十四史"一贯的主张。

1939 年 5 月 20 日，毛泽东在延安在职干部教育动员大会上

---

① 芦荻：《毛泽东读"二十四史"》，《新华文摘》1994 年第 2 期。

的讲话中就强调指出:"学习我们的历史遗产,用马克思主义的方法给予批判的总结,是我们学习的另一任务。我们这个民族有数千年的历史,有它的特点,有它的许多珍贵品。对于这些,我们还是小学生。今天的中国是历史的中国的一个发展;我们是马克思主义的历史主义者,我们不应当割断历史。从孔夫子到孙中山,我们应当给以总结,继承这一份珍贵的遗产。"①

1960年12月24日,在毛泽东会见古巴妇女代表团和厄瓜多尔文化代表团时的谈话,对中国文化遗产的科学态度又一次作了很好的阐明。他说:"对中国的文化遗产,应当充分地利用,批判地利用。中国几千年的文化,主要是封建时代的文化,但并不全是封建主义的东西,有人民的东西,有反封建的东西。要把封建主义的东西和非封建主义的东西区别开来。封建主义的东西也不全是坏的。我们要注意区别封建主义发生、发展和灭亡不同时期的东西。当封建主义还处在发生和发展的时候,他有很多东西还是不错的。反封建主义的文化也不是全部可以无批判地利用的。封建时代的民间作品,也多少都还带有封建统治阶级的影响。我们应当善于进行分析,应当批判地利用封建主义的文化,而不能不批判地加以利用。反封建主义的文化当然要比封建主义的好,但也要有批判、有区别地加以利用。我所了解的是这样,我们现在的方针是这样。至于充分利用文化遗产,我们现在还没有做到。中国古典著作多得很,现在是分门别类地在整理,用现代科学观点逐步整理出来,重新

---

① 《毛泽东与读书学习》,中央文献出版社2004年版,第71页。

出版。"①

"对中国的文化遗产，应当充分地利用，批判地利用。"这样的主旨是毛泽东晚年读"二十四史"的内在主要的动因。他老人家晚年不仅下了很大功夫读"二十四史"，而且还下了很多功夫读《资治通鉴》《续资治通鉴》《纲鉴易知录》《通鉴纪事本末》《续通鉴纪事本末》等及多种的稗官野史。彭德怀说："在党内真正懂得中国历史的还只有毛主席一人。"②

张闻天说，毛主席从中国历史中学了很多东西。周恩来说：毛泽东"读古书使他的知识更广更博，更增加了他的伟大"③。

第三个方面，是因为"二十四史"这部巨著是人类社会罕有的智慧宝藏，是中国文明、中国文化之百科全书，是历代政治家治国安邦的镜鉴宝典。

"二十四史"记载五千年中华文明史，是人类社会罕有的智慧宝藏，蕴含着十分丰富的治国理政的历史经验和中华民族宝贵的思想文化遗产，是迄今为止系统反映中国历史全貌、记载历史人物最多、社会生活最全的一部中国历史典籍。毛泽东爱读"二十四史"，这也是其中的一个非常重要的原因。

从全书全部的文字内容来看，"二十四史"是以帝王纪传为主线，贯穿历史事件，辅以"表""志"等内容，比较系统地全面地反映了中国历史的面貌。全书记载的人物，包括帝王、贵族、官吏、政治家、军事家、文学家、说客、谋士、游侠、商

---

① 《毛泽东文集》第 8 卷，人民出版社 1999 年版，第 225 页。
② 《彭德怀自述》，人民出版社 1981 年版，第 268 页。
③ 《周恩来选集》上卷，人民出版社 1980 年版，第 333 页。

贾、医卜等，非常多；记载人们的社会生活最丰富、最全面，有包括历朝历代政治、军事、经济、法律、典章、财税、外交等大事、要事的记载，还有包括文学、科技、天文、地理、风水及宗教、民族、民俗等中华民族文明史、文化的非常具体、非常全面的记载。

记载五千年中华文明的"二十四史"，毛泽东连续24年废寝忘食地读，孜孜不倦地读，反反复复地读。他之所以能做到这样，一方面是他老人家主观上有渴求知识的欲望，有崇高的理想、有伟大的抱负、思想上高度重视对历史的学习和对历史经验的总结与运用；另一方面就是"二十四史"这部史籍蕴含着十分丰富的治国理政的历史经验和宝贵的思想文化遗产，包含着许多涉及对国家、社会、民族及个人的成与败、兴与衰、安与危、正与邪、荣与辱、义与利、廉与贪等客观方面的经验与教训。"二十四史"这部巨著本身记载的我国几千年来的社会历史，既有史学价值，又有文学价值，是历代政治家、军事家、思想家鉴往知来、治国安邦、修身齐家、为人处世的镜鉴宝库。毛泽东下苦功读"二十四史"，笔者认为因为"二十四史"是学习中国历史，研究中国历史；学习中国文明，研究中国文明；学习中国文化，研究中国文化必读之书。它不仅具有极其重要的史学价值，而且具有极其重要的文学价值。它是我国传统文化遗产中的瑰宝。

归根结底就是一句话："二十四史"是人类社会罕有的智慧宝藏。是取之不竭，用之不完的中国文明、中国文化之百科全书。所以，毛泽东24年与之相伴，与之相随，爱不释手，读了又读。

我们从图书服务工作中还知道，晚年的毛泽东，不仅自己下了很大功夫读"二十四史"，而且还常常将他读过的认为有意义的人物传记等分册送刘少奇、周恩来、邓小平、彭真、彭德怀、陈毅等中央领导人阅读。他老人家生前非常重视"二十四史"等史书的标点出版工作。他曾多次向全党同志发出学习历史的号召。新中国成立后不久，他就要求有关方面组织安排"二十四史"《资治通鉴》等史籍的标点出版工作。首先指定标点"二十四史"的前四史，即《史记》《汉书》《后汉书》和《三国志》。1959年后，齐燕铭、范文澜等同志建议将其余二十史，加上《清史稿》，全部加以整理，毛泽东深表赞同。在他的支持下，集中全国专家学者的力量，对这部史书加以标点、分段、校字，大大便利了历史研究工作，也为更多的人学习中国历史提供了方便。

从上面的介绍中，我们可以清楚看出，"重点"读过的书，毛泽东都有批注、圈画，一读就是几年、十几年甚至几十年。"重点"读过的书，反反复复不知读过多少遍。书中的重点人物、重要事件、重大战役、重要场面，名言警语，等等，他都熟记于心，灵活运用，随口道来，娓娓动听。对于这方面的情形，本文就不再赘述了。

七 学毛泽东的"为学之道"

(一)毛泽东"为学之道"的含义

1915年6月25日,毛泽东在致湘生一封信中写道:"为学之道,先博而后约,先中而后西,先普通而后专门。"信中所说的"三先",即"先博""先中""先普通";所说的"三后",即"后约""后西""后专门"。这"三先""三后"的读书治学的方法就是毛泽东的"为学之道",这是毛泽东一生所遵循的读书方法之一。

"先博"的"博",辞书解释一个是博览、博学,一个是广博、广泛即多的意思。就读书治学来说,"先博"就是先博览群书,多读书。

"先中"的"中"是指中国,就是要先读中国的书,包括经、史、子、集各类的书籍,包括中国政治、经济、军事、哲学、历史、地理、文学、科学、文化、教育,等等。

"先普通"的"普通",辞书解释就是指一般的、通俗易懂的、有价值的、大众喜爱和需要的图书。"先普通"就是先读一般的、通俗易懂的、有价值的、大众喜爱和需要的书。

"后约"的"约",辞书解释是指"简约""简要"、重点的、"精要"的意思。"后约"就是后读"简约"的、"简要"的、

"精要"的比较重点的、关键的书。

"后西"的"西"是指西方国家,"后西"是指后读西方国家的书。

"后专门"的"专门"是指专业学科、专业门类的书,"后专门"就是后读自己喜爱的专业学科、专业门类的书。一般地说,读专业学科、专业门类的书必须要在读了"普通"书、具有一定的知识基础之后才能读,才能有所突破、理解得更深刻、深透一点。就是要"循序渐近",由近而远,由浅入深。

把"三先""三后"放在一起来理解。大概的意思就是:

"先博而后约",就是先博览群书,广泛地去读,在博览群书、广泛地读书基础上,再去读比较重要的、比较关键的、自己比较喜爱的、有兴趣的书。

"先中而后西",就是先下功夫读中国的书,先了解掌握自己国家的大致情况,在熟悉、了解了本国政治、经济、历史、文化等方面知识的基础上再去读西方国家的书,学习研究西方国家的政治、经济、历史和文化等方面的知识为我所用,洋为中用。

"先普通而后专门",就是先读一般的、通俗易懂的、大众喜爱和需要的书,在这个基础上再去读专业的、专门学科的书。

"三先""三后"读书法,揭示了读书的由浅入深、由易到难、由粗到精的一般读书规律,也表明了毛泽东读书也是遵循这一规律的。

下面联系毛泽东的读书生活实际,再具体地介绍毛泽东是如何运用这种方法读书的。

(二)"先博而后约"

毛泽东主张博览群书,而且在实际的读书生活中是一个真正的博览群书的人。他一生几十年,读书兴趣很广泛。他一生读书数万卷,是一个"先博"而"后约"的读书实践者。

1920年6月7日,青年毛泽东在给他的老师黎锦熙的一封信中曾这样写道:"我对于学问,尚无专究其一种的意思,想用辐射线的办法,门门涉猎一下。"[①] 这"门门涉猎"就是什么书都要看看,就是"博览群书"的意思,这与上述毛泽东"先博"的主张是一致的。毛泽东青少年时代读书是怎样"先博"的呢?笔者在这里先介绍两段有关的记述:一段是毛泽东自己曾说过这样一段话:"走进湖南图书馆,楼上楼下,满柜满架都是书,这些书都是我从来没有见过的。真不知应该从哪里读起。后来每读一本,觉得都有新的内容,新的体会,于是下决心要尽最大的努力尽量多读一些。我就贪婪地读,拼命地读,正像牛闯进了人家的菜园,尝到了菜的味道,就拼命地吃个不停一样。"湖南图书馆的图书是很多的,他每天第一个进馆,晚上是最后一个离馆,中午休息片刻,午饭吃上一点自带的干粮或买两块米糕,就又专心致志地一本一本读自己从没有见过的书。他自己后来回忆说:"在这段自修期间,我读了很多书,研究了世界地理和世界历史。在图书馆里第一次看到并以很大的兴趣研究了一幅世界地图。我读了亚当·斯密的《原富》、达尔文的《物

[①] 《毛泽东早期文稿》,湖南出版社1990年版,第478页。

种起源》和约翰·斯·密勒的一部关于伦理学的书。我读了卢梭的著作，斯宾塞的《逻辑》和孟德斯鸠写的一本关于法律的书。我在认真研究俄、美、英、法等国的历史地理的同时，也穿插阅读了诗歌、小说和古希腊的故事。"

第二段记述是1916年2月的一天，正在湖南第一师范读书的毛泽东在给友人萧子升的一封信中这样写道："经之类十三种，史之类十六种，子之类二十二种，集之类二十六种，合七十有七种。据现在眼光观之，以为中国应读之书止乎此。苟有志于学问，此实为必读而不可缺。"上述两段记载，足以说明求学时代的毛泽东博览群书的情形。

1936年，毛泽东在延安同斯诺的一次谈话中也说过："关于中国古代帝王尧、舜、秦皇、汉武的记载使我着迷，我读了许多有关他们的书。"

毛泽东从青年时代起，就喜欢阅读传统的经、史、子、集著作，就用心读过《纲鉴易知录》（〈清〉吴乘权、周之炯、周之灿编纂）、《御批历代通鉴辑览》（胡汝霖收藏，清朝乾隆皇帝在读《资治通鉴》时写下的批注文字和他认为比较重要的章节辑录而成）、《论语》《孟子》《国语》《老子》《左传》《孙子》《列子》《吕氏春秋》《史记》《汉书》等史籍。

毛泽东在求学年代里，按照"先博而后约"的要求，下功夫较多的、钻研自己最喜欢的、他认为最值得学习的书是：《伦理学原理》《韩昌黎全集》《世界英雄豪杰传》《御批历代通鉴辑览》、郑观应的《盛世危言》、谭嗣同的《仁学》、梁启超的《新民丛报》以及《曾文正公文集》《曾文正公家书》《共产党宣言》《阶级斗争》《社会主义史》等，这些书，青年毛泽东读的多，批注、评论多，思考的深、理解的深，这些"后约"的书对青年毛泽东的影响是很大的。前面读过的两段记述中提到的"先博"的书是很重要的，后面提到的"后约"的书，对青年毛泽东的成长、进步等的影响就更加重要。

上述的"苟有志于学问，此实为必读而不可缺"，这是青年毛泽东对中国传统文化典籍的态度。后来毛泽东走上革命道路，担当起革命的重担。在繁忙的领导工作岗位上，在日理万机的岁月里，仍然根据革命工作、领导工作的实际需要和个人的兴趣及一贯的追求去读书，仍然是"先博而后约"。"先博而后约"读书方法是贯穿于毛泽东的一生的。

1957年他亲笔写信给他的当时的秘书林克，要他"钻到看书看报看刊物中去，广收博览"①。从社会科学到自然科学，从马列主义著作到西方资产阶级著作，从古代的到近代的，从中国的到外国的，包括哲学、经济学、政治、军事、文学、历史、地理、自然科学、技术科学等方面的书籍以及各种杂书，毛泽东都主张读。在延安的时候，毛泽东是抗大校务委员会主席。一次在校务办公会上他对大家说：我们要来一个读书比赛，看谁读的书多，掌握的知识多。只要是书，不管是中国的、外国的，古典的、现代的，正面的、反面的，大家都可以涉猎。②

在延安的岁月里，毛泽东也读了很多的书，到底博览了多少种、多少册？笔者是无从考察。但笔者知道，延安岁月读过的书，后来辗转带进中南海的就有一千多册。有马克思的《资

---

① 《毛泽东书信选集》，人民出版社1983年版，第531页。
② 穰明德：《毛泽东要求我们多读书》，《人民日报》1983年12月14日。

本论》《共产党宣言》、列宁的《国家与革命》等著作,有《辩证法唯物论教程》、李达著的《社会学大纲》、艾思奇著的《思想方法论》等哲学著作,有《鲁迅全集》(二十卷本),有《科学大纲》等自然科学著作,有克劳塞维茨的《战争论》,有几种历史演义等,许多书上都写满了密密麻麻的批注文字,还有的书上还盖有毛泽东手写体"毛泽东"名字的印章。这些书是毛泽东先"博览"的标志,也是"后约"的具体体现。毛泽东在延安岁月读过的书籍因战争、转移丢失的很多,进城带进中南海的只是其中的一小部分。

新中国成立之后直到晚年的岁月,毛泽东读书也还是"先博而后约的"。直至1976年9月毛泽东逝世时,毛泽东中南海故居存书共有约十万册。其中大部分是新中国成立后根据毛泽东本人的读书需要由工作人员用毛泽东的稿费购买添置的,也有一小部分是有关出版部门赠阅的。十万册是不完全的统计,因为它不包括毛泽东在北京、去外地向当地图书馆借阅的图书。仅这十万册,足以看出毛泽东先"博览群书"是非同一般的。

从1972年7月8日至1976年8月31日,此时,毛泽东已经是重病缠身,还带病读了129种新印的大字本线装书。

从毛泽东在新中国成立之后直到晚年的岁月里阅读过的这些书中,我们可以清楚地看到,毛泽东读书的内容是很广泛的。也是遵循"先博而后约"的这一读书要求的。

我们知道,每一个历史时期,每一段岁月里,毛泽东读书"先博",就是博览群书,读各种各样的书,这是毫无疑义的。但是"后约"是有所不同的,"后约"读的书一般有这样几种情况:一是实际迫切需要。如延安发愤读哲学,新中国成立初期带头读马列主义政治经济学著作等,这完全是为了适应当时斗争实际、社会主义经济建设的实际的迫切需要而选择的。二是他本人最喜欢的、他本人认为最值得读的书。例如,鲁迅著作,世界名人传记(如《林肯传》《拿破仑传》《戴高乐传》等),这些书是毛泽东常读的。三是在这一门学科上要去有所突破,理解得更深一点。如一部"二十四史",从1952年添置起,直到1976年他老人家辞世止,24年手不释卷、不知疲倦地读。读的多,批注文字多,批画符号多。据笔者的了解,毛泽东"后约"读的书至少有这样三种情况。当然,这仅是笔者的个人之见。

(三)"先中而后西"

毛泽东的一生是读书的一生。无论是读"有字之书",无论是读"无字之书",毛泽东都是"先中而后西"的。有文字记载的中国的书,尤其是中国的历史书,中国的经、史、子、集四大门类的书,中国的古典小说,中国的古典诗词曲赋等的有字之书,毛泽东一生中几乎都读过。毛泽东为什么一生下苦功先读中国的书呢?主要有以下两个方面的原因。

第一个方面的原因,从毛泽东在青年时代没有出国留学的思想渊源来看,当年他的同代人中有不少人出国求学了,他的同学中也都劝毛泽东出国磨砺。但毛泽东最终还是留了下来,留在了国内。

毛泽东几十年不知疲倦地读中国的经、史、子、集的书,读中国的历史巨著"二十四史",就是为了了解中国历史,了解中国几千年的文明史。

第二个方面的原因，是为了借鉴历史，为了从历史中寻求治理国家的启示、知识、智慧、经验、教训。阅读、研究中国的经、史、子、集及各种丛书、类书、文库等，包括晚年还夜以继日地阅读、研究"二十四史"，了解把握"古今学说制度的大要"，最重要的目的是要为今天的现实斗争服务。鉴往知来，是为了治国安邦。学习了解中国几千年的文化遗产，有批判地继承和发展我们民族的文化遗产的精华，汲取对今天、明天，对政治、社会、经济、科学、文化等建设和发展有益的东西，让其更好地为现实斗争和建设事业服务，这是毛泽东酷爱历史，孜孜不倦地阅读、研究有字的中国历朝历代书的一贯主张。

纵观毛泽东读书的一生，毛泽东是一直遵循"先中而后西"这一读书方法的。中国出版的书读了很多很多。"西方"各国出版的中译本书也读了不少。特别是"西方"各国领导人的传记作品、回忆录及回忆文章、讲话、讲演等书，还有西方各国出版的名家、名著等，毛泽东一生中按照"先中而后西"的原则也读了不少。例如，美国的马克·吐温、哈里特·比彻·斯托夫人；俄罗斯的普希金、列·托尔斯泰、高尔基、法捷耶夫、肖洛霍夫、奥斯特洛夫斯基；法国的莫里哀、孟德斯鸠、伏尔泰、雨果、巴尔扎克、莫泊桑；英国的莎士比亚、狄佛、狄更斯、萧伯纳；丹麦的安徒生；德国的歌德、席勒、施特里特马特；意大利的但丁、薄伽丘、达·芬奇等名人的作品，毛泽东都读过。尤其是中国新华社编印的反映西方各国政要的动态、言论、观点、文章、讲话、传记、生平等报道的《参考资料》《动态清样》等内部资料，毛泽东生前是期期都看，本本都看、天天都看,它是毛泽东了解西方、认识西方的重要途径之一。

新华社每天编印的内部参阅资料多达数十万字。有时工作太忙,毛泽东自己顾不上全看。他发动身边的工作人员,让几个工作人员先看,有参考价值的先用铅笔画出来,这样他自己再看就可以节省不少的时间。有时实在来不及看,就让身边工作人员给他讲。正因为每天坚持这样做,毛泽东对西方国家的政情、社情、民情、动态、动向、发生的事件等都了如指掌。这是毛泽东另一种方式的"先中而后西"的读书方法。

(四)"先普通而后专门"

先读普通的书,后读"专门"的书。普通的书读了很多,专业、专门的书他也下了很多的功夫。

1936年10月22日,毛泽东给当时在"外面"从事统一战线工作的叶剑英、刘鼎去电:"要买一批通俗的社会科学自然科学及哲学书,大约共买十种至十五种左右,要经过选择真正是通俗的而又有价值的(例如艾思奇的《大众哲学》,柳湜的《街头讲话》之类),每种买五十部,共价不过一百元至三百元,请剑兄经手选择,鼎兄经手购买。在11月初先行选买几种寄来,作为学校与部队提高干部政治文化水平之用。""在外面的人,一面工作,一面要提倡看书报。"[①] 以上要买的书都是普通的通俗读物。

1940年2月5日,延安成立了自然科学研究会,毛泽东是

---

① 《毛泽东书信选集》,人民出版社1983年版,第80—81页。

发起人之一，在成立会上发表了讲话。他说："自然科学是人们争取自由的一种武装。人们为着要在社会上得到自由，就要用社会科学来了解社会，改造社会，进行社会革命。人们为着要在自然界里得到自由，就要用自然科学来了解自然，克服自然和改造自然。"他强调自然科学与社会制度的关系，深刻阐述了资本主义发展同自然科学发展相对立的矛盾，指明了在党的领导下，边区自然科学工作者的光明前途。他还说："马克思主义包含有自然科学，大家要来研究自然科学，否则世界上就有许多不懂的东西，那就不算一个最好的革命者。"[①] 陕甘宁边区自然科学研究会遵循毛泽东的指示，组织大家学习和研究恩格斯的《自然辩证法》，用马克思主义哲学指导科学研究工作，使自然科学紧密地为现实服务，推动了边区工农业的建设。此后，延安又创建了自然科学院，晋西北地区也成立了自然科学研究会，实行科学种田的光华农场也开办起来了。后来在《经济问题与财政问题》这本书中，毛泽东把聚集在边区的科学技术人员，称为"建立工业的指导力量"。

1941年1月31日，毛泽东给在苏联上学的两个儿子岸英、岸青写信，嘱咐他们："惟有一事向你们建议，趁着年纪尚轻，多向自然科学学习，少谈些政治。政治是要谈的，但目前以潜心多习自然科学为宜，社会科学辅之。将来可倒置过来，以社会科学为主，自然科学为辅。总之注意科学，只有科学是真学问，将来用处无穷。"[②] 毛泽东这一席说给儿子的建议，也阐述

[①] 《毛泽东文集》第2卷，人民出版社1993年版，第269、270页。
[②] 《毛泽东书信选集》，人民出版社1983年版，第166页。

了他关于政治与科学以及社会科学与自然科学的关系：谈政治要以学科学为基础；先以学习自然科学为主，然后再学社会科学。

  新中国成立不久，特别是1958年党中央提出工作重点转移到技术革命以后，毛泽东深感自己需要学习发展生产力的自然科学、技术科学知识。我们知道，这个时期，他就亲自钻研过农业、土壤、机械、物理、化学、水文、气候等方面的书籍。1962年1月30日，毛泽东《在扩大的中央工作会议上的讲话》中说过："拿我来说，经济建设工作中间的许多问题，还不懂得。工业、商业，我就不大懂。对于农业，我懂得一点。但是也只是比较地懂得，还是懂得不多。要较多地懂得农业，还要懂得土壤学、植物学、作物栽培学、农业化学、农业机械，等等；还要懂得农业内部的各个分业部门，例如粮、棉、油、麻、丝、茶、糖、菜、烟、果、药、杂，等等；还有畜牧业，还有林业。我是相信苏联威廉斯土壤学的，在威廉斯的土壤学著作里，主张农、林、牧三结合。我认为必须要有这种三结合，否则对于农业不利。所有这些农业生产方面的问题，我劝同志们，在工作之暇，认真研究一下，我也还想研究一点。但是到现时止，在这些方面，我的知识很少。"[①]

  毛泽东一生对自然科学、工农业生产技术科学书籍也充满着浓厚的兴趣。他一生都在尽可能地从繁忙的工作中挤出时间来学习和了解学习自然科学、工农业生产技术科学知识。1958年7月2日，毛泽东在中南海瀛台参观一机部的机床展览，回

[①] 《毛泽东文集》第8卷，人民出版社1999年版，第302—303页。

到住所，他就让工作人员给他找两本书：《无线电台是怎样工作的》《1616型高速普通车床》，这两本书都是他在参观时看到的。1958年9月，张治中在随毛泽东外出视察期间看到他在行进的列车上读冶金方面的，便诧异地问他："你也要钻研科技的书？"毛泽东说："是呀，人的知识面要宽些。"1959年1月2日，苏联发射了一枚宇宙火箭，6日这天，他就向工作服务人员要了几本关于火箭、人造卫星和宇宙飞行的通俗读物。直到逝世前几年，视力很差了，他还非常用心地阅读一些印成大字本的自然科学书刊，如达尔文的《物种起源》《动物学杂志》《化石》杂志、《自然辩证法》杂志、《科学大众》等普通大众读物。

笔者知道，20世纪五六十年代，毛泽东在"先普通"阅读的基础上，还潜心阅读和研究逻辑学方面的论文和专著，还不知疲倦研读关于《西游记》的学术、理论文章。对这方面的具体情况笔者另有文章介绍，这里就不再多说了。

八 学毛泽东读书不唯书，不尽信书，总是独立思考，辩证分析的境界和品质

毛泽东的思想和理论贡献，他的历史唯物辩证观点和辩证分析方法，深刻地贯穿、融化在他读"有字之书"和读"无字之书"的全过程中。

毛泽东在读古今"有字之书"过程中，对于纷繁复杂的历史现象，他从不给予简单的论断，而是谨慎地从当时的历史条件出发，具体地加以剖析，用唯物论、用辩证法思想进行思考和分析。对书上所写、所说的人和事、思想活动、人物言论及所阐述的道理、所记述的史实、史迹、史例、史故、史论、史评等，毛泽东读书不唯书，不尽信书，总是独立思考，辩证分析，从不人云亦云，从不书上怎么写、怎么说，自己就怎么信、怎么说。他用马克思主义的辩证分析方法去思考、去分析、去研究，尊重事实，赞成就表示赞成，不赞成就表示不赞成，有什么看法就表明什么看法。我们从他阅读过的书籍中，可以清楚地看到他在阅读过程中写下的许多具有自己独到的想法观点和见解的批注文字。

毛泽东认为："一个共产党人必须具备对于成绩与缺点、真理与错误这个两分法的马克思主义辩证思想。事物（经济、政治、思想、文化、军事、党务等等）总是作为过程而向前发展

的。而任何一个过程,都是由矛盾着的两个侧面互相联系又互相斗争而得到发展的。这应当是马克思主义者的普通常识。"①毛泽东在读书过程中一直是坚持这样的思想理论观点。他是这样认为的,在读书过程中也一直是这样做的。

(一) 关于对《三国演义》和《三国志》中一些人物、事件的评价和看法

1. 对诸葛亮的评价

《三国演义》中作者塑造的诸葛亮这个人物是毛泽东非常推崇的。毛泽东在著作和讲话中常常提到诸葛亮。1945年4月24日,在中国共产党第七次全国代表大会上的讲话中,毛泽东说,《三国演义》里有三个国家,每个国家都有知识分子,有高级的,也有普通的。那些穿八卦衣,或像诸葛亮那样拿鹅毛扇的就是知识分子,1957年7月8日,在上海对各界人士发表的讲话中在谈到我们的干部不要怕群众,不要脱离群众,要跟群众在一起的问题时,毛泽东说:刘备得了孔明,说是"如鱼得水",确有其事,不仅小说上那么写,历史上也那么写,也像鱼跟水的关系一样。群众就是孔明,领导者就是刘备。一个领导,一个被领导。《三国演义》里,作者笔下的诸葛亮能够呼风唤雨,料事如神,成了智慧的化身,对诸葛亮这样的人物,毛泽东的看法是:也不是"全人","总是有缺陷的"。1957年11月

---

① 《毛泽东文集》第8卷,人民出版社1999年版,第348页。

18日在莫斯科共产党和工人党代表会议上的发言中,在谈及这一问题时,毛泽东是这样说的:任何一个人都要人支持。一个好汉也要三个帮,一个篱笆也要三个桩。荷花虽好,也要绿叶扶持。这是中国的成语。中国还有一句成语,三个臭皮匠,合成一个诸葛亮。单独的一个诸葛亮总是不完全的,总是有缺陷的。

2. 对刘备的评价

说到20世纪50年代毛泽东在谈话、讲话中引用《三国演义》中的故事和人物的事,当时任毛泽东国际问题的秘书林克写过这样一段回忆:1957年春季,毛泽东离开北京到天津、济南、徐州、南京、上海等地视察。3月20日下午,毛泽东乘飞机由南京飞往上海,途经镇江上空时,毛泽东触景生情书写了宋人辛弃疾《南乡子·登京口北固亭》这首词。写完后,围绕这首词的内容,毛泽东又讲了许多。在说到"生子当如孙仲谋"这一句时,毛泽东说是借引曹操的言语。接着,毛泽东讲到《三国演义》中曹操煮酒论英雄一节,曹操说:"夫英雄者,胸怀大志,腹有良谋,有包藏宇宙之机,吞吐天地之志者也。"刘备问:"谁能当之?"曹操以手指刘备后自指说:"今天下英雄,惟使君与操耳。"说到这里,毛泽东继而发挥说,尽管刘备比曹操所见略逊,但刘备这个人会用人,能团结人,终成大事。① 上面说到的"天下英雄,惟使君与操耳"这句话,是在《三国演义》第二十一回。曹操的这句名言,毛泽东一直深深地印在自

---

① 《秘书工作》1993年第11期。

己的脑海里。直到晚年,他在练习书法时,还时常很有兴致地一次又一次地书写。

3. 对《三国演义》与《三国志》的评价

《三国演义》描写的许多历史故事、战例,差不多都是取材于晋代陈寿所撰的《三国志》和裴松之注。人们熟知的《三国志》,与司马迁著的《史记》、班固著的《汉书》、范晔著的《后汉书》齐名,合称为二十四史"前四史"。《三国志》中记载的三国时代的人物、历史事件和历史故事,随着时间的推移,特别是通过历代"说书"艺人及其广大的听众的加工渲染,添枝加叶,使许多故事不仅流传广泛,而且具有了许多传奇色彩。罗贯中著的《三国演义》就是在这些传说故事的基础上再加工、再创造。对于《三国志》和《三国演义》,毛泽东曾有一段评说:"《三国演义》是小说,《三国志》是史书,二者不可等同视之。若说生动形象,当然要推演义;若论真实性,就是更接近历史真实,罗贯中的《三国演义》就不如陈寿的《三国志》啰!"为了说明演义和真实历史的差别,毛泽东还特意举了一个例子,他说:"比如,旧戏里诸葛亮是须生,而周瑜是小生,显然诸葛亮比周瑜年纪大。这可能是来源于演义,而在《三国志》上记载周瑜死时 37 岁,那时诸葛亮才 30 岁,即比周瑜小 7 岁。"① 《三国演义》与《三国志》,虽然是两部不同类别和不同文体的著作,但从内容上来说,这两部著作具有密切的联系。毛泽东读《三国演义》,也很爱读《三国志》。笔者认为,在毛

---

① 参见陶鲁笳:《忆毛泽东教我们读书》,《党史文汇》1993 年第 9 期。

泽东晚年的读书生活中，这不同体裁、不同类别的两部书，从历史的角度来说，他实际上把它当作一部书来读了。从历史的角度来读"演义"，这是毛泽东晚年读古典小说的一大特点。《三国志》和《三国演义》，毛泽东晚年都读过多遍。

4. 不赞成卢弼对曹操的看法和评价

据逄先知的记载，20世纪60年代，毛泽东先后两次要读《三国志》。一次是1960年4月20日，这次，主席要读《三国志》，逄先知送给主席的是标点本《三国志》。一次是1964年10月13日主席要读《三国志》，逄先知送给主席的除上次送的那部标点本《三国志》外，还有卢弼撰的《三国志集解》①。这部《三国志集解》，线装本，字也比较大，毛泽东非常喜爱，后来一直把它放在他的书房里，读了又读，上面还写了许多的批语。有两处批语，至今还深深地留在笔者的记忆中。这两处批语的大概情形是这样的：

裴松之在《魏书·武帝纪》一段注释中，引用了曹操于建安十五年（公元210年）12月所下的《让县自明本志令》。其主要内容是叙述他自己辗转征战的经历及当时许多的心理活动，表明它守义为国，并无取代汉帝以自立的意思。他让出受封的阳夏、柘、苦等三县，以消除时人对他的误会。卢弼对此除作了一些考证、订谬外，对曹操还提出了许多的指责。曹操在令中写道，自己没有背叛汉室之意，他死后，妻妾无论嫁到哪里，都希望要为他说明这一心迹。卢弼对此指责说是"奸雄欺人之

---

① 《三国志集解》全18册，古籍出版社1957年版。

语"。曹操在令中又写道,自己不能放弃兵权,"诚恐已离兵为人所祸也"。这是"既为子孙计,又已败则国家倾危"。卢弼对此指责这是"皆欺人语也",并说陈寿撰写的《三国志》对这些话"削而不录,亦恶其言不由衷耳"。曹操在令中还写道,自己打仗,"推弱以克强,处小而擒大;意之所图,动无违事;心之所虑,何向不济"。卢弼认为曹操的这些话是"志骄气盛,言大而夸",并在注中又列举了曹操打过的败仗。以上的这段文字,特别是卢弼的注,毛泽东看得很仔细,差不多都作了圈点。卢弼对曹操的看法和评价,毛泽东很不赞成,他认为,这不是实事求是的态度。所以,在读了卢弼的这段注后,毛泽东在书的天头上写了这样的一段颇有感慨的批语:

> 此篇注文,贴了魏武不少大字报,欲加之罪,何患无词。李太白云:"魏帝营八极,蚁观一弥(据扫叶山房石印本《李太白全集》,'弥'应为'祢'——笔者注)衡。"此为近之。

"魏帝营八极,蚁观一祢衡"的诗句,引自李白的《望鹦鹉洲悲祢衡》一诗。祢衡是东汉时代人,史籍说此人狂傲而有才气。曹操对这个人的才能不仅没有重视,而且还污辱了他,因此被祢衡大骂。祢衡后被黄祖所杀。鹦鹉洲据说是祢衡曾在此作赋的地方。李白的这首诗,对曹操统一北方的功绩是肯定的,同时又指出他轻视祢衡的失误。大概是因为李白对曹操的这种评价比较符合历史实际,也比较符合毛泽东本人的看法,所以毛泽东在此特引了李白的这句诗。

5. 对刘表和曹操对待俘虏不同做法的看法

毛泽东在读《魏书·刘表传》时还写了两条有关曹操的批注。

《魏书·刘表传》裴松之的注中，有一段说刘表初到荆州时，江南有一些刘姓家族据兵谋反，刘表"遣人诱宗贼，至者五十五人，皆斩之"。毛泽东读到此注，对"皆斩之"的做法是不赞成的，所以，他在"皆斩之"三字旁画了粗粗的曲线，又在天头上写下了这样一条批语：

杀降不祥，孟德所不为也。

孟德是曹操的字。刘表在对待俘虏的做法上与曹操是大相径庭的。曹操之所以能取得全局的胜利，这与他对俘虏的豁达大度是分不开的。曹操"不杀降"，敢于用人，史书有不少的记载。建安三年（公元198年），曹操在兖州，任用毕谌，后张邈叛，将毕谌的母、弟、妻劫去，曹操对他说："卿老母在彼，可去。"毕谌去后就没有回来。及至讨平张邈，毕谌被捉，大家都为他的性命担心。曹操说"夫人孝于其亲者，岂不亦忠于君乎？吾所求也。"不仅没有杀毕谌，反任为鲁相。魏种本是曹操推荐的孝廉，张邈攻陷兖州时，曹操说"唯魏种且不弃孤也"，岂料魏种却投降了。及至打败了张邈，魏种被擒，曹操并没有杀他，说"唯其才也"，"释其缚而用之"。毛泽东的这条批语，既表明了他对刘表做法的蔑视，又表明了他对曹操"不杀降"和爱才的称赞。

6. 对卢弼一段注释文字写下的一条批语

在《魏书·刘表传》中，卢弼也有一段注释，刘表于建安五年（公元200年）"攻张怿平之"，有："地方数千里，带甲十余万"，祭祀天地，自立为帝。毛泽东读了这段注释又在天头上写了一条批语：

  做土皇帝，孟德不为。

这里，毛泽东又一次称赞曹操，表达对刘表行为的不同看法。

毛泽东晚年读《三国志集解》写了不少的批注，许多的篇章他都圈画得密密麻麻。从中我们足以看出，他老人家晚年对《三国志》这部大作是很喜爱的。

7. 为曹操翻案，肯定曹操的历史功绩

据笔者所知，毛泽东在阅读《三国演义》的过程中，很注重考虑作者创作和作品形成的社会背景，并且把这一社会背景与作品的主题紧密地联系起来。关于《三国演义》的主题倾向，众说纷纭，莫衷一是，特别是对作者罗贯中是不是表现了皇权正统观念，各家更是各执一词。历史上不少文学评论家都认为，《三国演义》是一部描写汉末至西晋分久必合、合久必分，从大乱到大治历史过程的长篇历史小说，因此，要其不表现皇权正统观念是很难做到的，作者罗贯中"扬刘抑曹、蜀汉正统"的创作主题倾向也是不可避免的。对古今一些文人学者的这种看

法，毛泽东一方面是沿袭此说，一方面又有其独特的见解。就拿对曹操这个人物评价来说，作者罗贯中笔下的曹操是一个"汉贼""奸雄"，这正是作者"扬刘抑曹、蜀汉正统"的皇权正统思想的体现。但毛泽东对曹操这个历史人物又有他自己的看法。1958年11月20日上午，毛泽东在武汉东湖畔的住所召开的座谈会上，在谈到曹操时，毛泽东说：你们读《三国演义》和《三国志》注意了没有，这两本书对曹操的评价是不同的。《三国演义》是把曹操看作奸臣描写的；而《三国志》是把曹操看作历史上正面人物来叙述的，而且说曹操是天下大乱时期出现的"非常之人"，"超世之杰"。可是因为《三国演义》又通俗又生动，所以看的人多，加上旧戏上演三国戏都是按《三国演义》为蓝本编造的，所以曹操在旧戏舞台上就是一个白脸奸臣。现在我们要给曹操翻案。我们党是讲真理的党，凡是错案、冤案，十年、二十年要翻，一千年、二千年也要翻。①

8. 毛泽东认为，曹操不仅是一位战功卓著的政治家、军事家，而且还是我国文学史上一位著名的诗人

在毛泽东的心目中，曹操不仅是一位"结束汉末豪族混战的局面"，"统一北方，创立魏国"，"改革了东汉的许多恶政"的战功卓著的政治家、军事家，而且还是我国文学史上一位著名的诗人。1954年7月23日，毛泽东给李敏、李讷的信中写道："北戴河、秦皇岛、山海关一带是曹孟德（操）到过的地

---

① 参见陶鲁茄：《忆毛泽东教我们读书》，《党史文汇》1993年第9期。

八学毛泽东读书不唯书，不尽信书，总是独立思考，辩证分析的境界和品质

方。他不仅是政治家，也是诗人。他的碣石诗是有名的"。① 曹操的诗作，毛泽东是很爱读的。在给毛泽东管理图书期间，我们常常翻阅毛泽东阅读、批画过的图书。我们这样做，一是为了了解掌握毛泽东读书、批注的具体情况；二是为了熟悉毛泽东平常爱读的书。根本目的还是为了做好为毛泽东的服务工作。当然，翻阅的过程，也是我们自己学习和提高的过程。如果说我们对我国浩如烟海的古籍文化有点了解的话，这一时期的客观环境的影响和在工作实践中的实习是极其重要的。在翻阅毛泽东阅批过的图书过程中，我们记得有四种不同版本的《古诗源》，还有《魏武帝、魏文帝诗注》，这些书上曹操的诗，毛泽东差不多都有批画。有不少的诗，如《短歌行》《观沧海》《土不同》《龟虽寿》《却东西门行》等，毛泽东阅读过多次，每次阅读他都要在这些诗上圈圈画画。读一次，圈画一次，多次阅读，多次圈画，时而用红毛笔，时而用红铅笔、黑铅笔或蓝铅笔，因此，有不少的诗，都圈画得密密麻麻。有一本《古诗源》，毛泽东用红铅笔在作者"武帝"两字旁画了两道粗线，"武帝"的注释："孟德诗，犹是汉音。子桓以下，纯乎魏响。沈雄俊爽，时露霸气。"这段文字，毛泽东逐句圈点。《短歌行》这首诗的标题上，他还用红、蓝铅笔各画一圈。诗中的"对酒当歌，人生几何？譬如朝露，去日苦多"等文字旁，都画上了密密的圈记。曹操的诗，因为很爱读，也因为读得多，所以，有不少的诗篇，如《短歌行》《观沧海》《龟虽寿》等，毛泽东都能熟练地背出来。在他身边工作过的人大概差不多都知道，

---

① 李敏、孔令华主编：《怀念》，中央文献出版社1992年版，第88页。

在中南海散步时，或者漫步在海岸沙滩，或者在山间崎岖小道行进，或者在办公室里，毛泽东常常饶有兴致地吟诵古诗。曹操的一些诗作，就是他常吟诵的古诗词之一。保健医生徐涛回忆说：1954年夏天，毛泽东来到北戴河，有些天，在海岸沙滩散步，嘴里总是念念有词地背诵《观沧海》："东临碣石，以观沧海。水何澹澹，山岛竦峙。树木丛生，百草丰茂。秋风萧瑟，洪波涌起。日月之行，若出其中。星汉灿烂，若出其里。幸甚至哉，歌以咏志。"毛泽东在夜里工作疲劳后，稍做休息，出门观海，有时也常这样低声吟诵。毛泽东不仅爱读爱吟曹操的诗，而且在练习书法时也常书写曹操的诗。《毛泽东手书古诗词选》①就收入了两首，一首是《观沧海》，一首是《龟虽寿》。从书法艺术的角度来说，这两件墨宝，书法行家们都认为是当今我国书苑里的精品。曹操《龟虽寿》一诗中的"盈缩之期，不独在天。养怡之福，可得永年。"这两句具有朴素唯物论思想的诗句，毛泽东很欣赏。1961年，胡乔木生病，8月25日，毛泽东给胡乔木写了一封信劝其"不计时日"养病，这封信中就引用了曹操的这两句诗，并对胡乔木说"此诗宜读"。从此，我们足以看出，毛泽东对曹操的诗是很喜爱的。毛泽东为什么如此喜爱曹操的诗呢？毛泽东生前在和他的子女们的一次谈话时这样说过："曹操的文章诗词，极为本色，直抒胸臆，豁达通脱，应当学习。"有一次，毛泽东与身边工作人员谈话还说过："我还是喜欢曹操的诗。气魄雄伟，慷慨悲凉，是真男子，大手笔。"

---

① 中央档案馆编辑：《毛泽东手书古诗词选》，文物出版社、档案出版社1984年版。

八学毛泽东读书不唯书，不尽信书，总是独立思考，辩证分析的境界和品质

（二）关于读《古文辞类纂》写下的三条批语

《古文辞类纂》是毛泽东生前爱读的古籍线装书之一。

《古文辞类纂》七十五卷，（清）姚鼐编选。选录战国至清代的古文辞赋，依文体分为论辩、序跋、奏议、书说、赠序、诏令、传状、碑志、杂记、箴铭、颂赞、辞赋、哀祭等十三类。内容着重选录《战国策》《史记》、两汉散文家、"唐宋八大家"以及（明）归有光、（清）方苞、刘大櫆等的古文。书首有序目，简要介绍各类文体特点及其义例，书中并有评点，皆宣扬桐城派的文学观点。我们看到，这部书毛泽东中南海故居藏有好几个版本，毛泽东都读过。其中有（清）姚鼐编选，同治己巳孟冬江苏书局重刊本，这个版本《古文辞类纂》是毛泽东生前最爱读的。全书毛泽东生前读过多遍，写下的批注文字就达16条，共292个字。

细读毛泽东在《古文辞类纂》一书写的批注，我们可以清楚地看到，许多的批注都充满唯物论、充满着辩证法。它又一次表明，毛泽东读书不尽信书，不是书上怎么写他就怎么信，而是用唯物论、用辩证法思想进行分析，是什么就是什么，有什么看法就表明什么看法。唯物客观，实事求是。这里笔者只举以下三例：

例一，本书论辩类。苏明允《明论》篇的开头原书文字是这样写的："天下有大知，有小知；人之智虑有所及，有所不及。圣人以其大知而兼其小知之功，贤人以其所及而济其所不及。愚者不知大知，而以其所不及丧其所及。故圣人之治天下

也以常，而贤人之治天下也以时，既不能常，又不能时，悲夫殆哉！"毛泽东读了这段话在开头的文字旁写的批注文字是："认识论　言物可认识，但不能全知。"毛泽东的批语首先肯定这段话是谈认识论的，所以先写了"认识论"三个字。针对后面的文字，圣人也好，贤人也好，愚者也好，毛泽东认为：对于世界上客观存在的万事万物，是可以逐步认识的，"但不能全知"。这是毛泽东的辩证唯物论的认识论。

例二，本书论辩类。苏明允《谏论》下原书一段文字是这样写的："今有三人焉，一人勇，一人勇怯半，一人怯。有与之临乎渊谷者，且告之曰：'能跳而越此谓之勇，不然为怯。彼勇者耻怯，必跳而越焉。其勇怯半者与怯者，则不能也。'又告之曰：'跳而越者与千金，不然则否。彼勇怯半者奔利，必跳而越焉，其怯者犹未能也。'须臾，顾者猛虎暴然向逼，则怯者不待告，跳而越之，如康庄矣。然则人岂有勇怯哉？"读了这段文字，毛泽东写的批注文字是："看何等渊谷。若大河深溪，虽有勇者，如不善水，无由跳越。此等皆书生欺人之谈。"毛泽东的短短的批语充满唯物论，对客观的"渊谷"要作分析，能不能跳越，不是决定于"勇"和"怯"，而是要"看何等渊谷"。毛泽东认为：如果是"大河深溪，虽有勇者，如不善水，无由跳越"。决定跳越的不光是"勇""怯"的问题，而是首先要看是不是"大河深溪"，第二要看"勇者"善不善水。如果是"大河深溪"，勇者又"不善水"，毛泽东认为，"勇者"就没有理由跳越。这是实事求是，从实际出发。

毛泽东的这段批注，字字句句都体现唯物论、辩证法，这是毛泽东用唯物辩证分析方法读书的生动体现。

八 学毛泽东读书不唯书，不尽信书，总是独立思考，辩证分析的境界和品质

例三，本书书说类。韩退之《与崔群书》一篇原书上的文字是："自古贤者少，不肖者多。自省事已来，又见贤者恒不遇，不贤者比肩青紫。贤者恒无以自存，不贤者志满气得。贤者虽得卑位，则旋而死。不贤者或至眉寿。不知造物者意竟如何！无乃所好恶与人异心哉！又不知无乃都不省记，任其死生寿夭邪？未可知也。"读完了这段文字，在这段文字开头的文字旁边写的批注文字是："就劳动者言，自古贤者多，不肖者少。"贤者：有德行、有才能的人；不肖者：品行不好的人。书上有的"自古贤者少，不肖者多"，显然是笼统而言未作具体分析。毛泽东不赞成书上的话，他在做了具体分析之后写下的上面的批语。劳动者，是创造历史的主人，就劳动者来说，自古以来有德行、有才能的人是很多的，很多的人间奇迹都是有德行、有才能的人创造的，这是毛泽东"人民创造历史"的一贯的历史唯物主义的思想。劳动者当中，当然也有品行不好的人，但这些人是很少的，就是毛泽东批语中说的"就劳动者言，贤者多，不肖者少"，这是历史唯物主义的评价。

毛泽东读《古文辞类纂》类似的批注还有，这里就不再多说了。

以上三例毛泽东读《古文辞类纂》一书的批注，足以看到，毛泽东读书，从不唯书，从不死读书，总是历史地、唯物地、辩证地、具体地进行分析。这是毛泽东读书的一个显著的特点。

（三）多读书、广读书，在书山学海里调查研究

调查研究方法是毛泽东生前大力倡导，并终身躬行的一条

行之有效的工作方法。这里说的调查研究，不是深入实际，深入农村，深入工厂、学校，深入街道、社区去调查研究，而是深入书山学海、深入浩瀚的史籍中去调查研究，就是多读书，广读书，读书多。在书海里调查，在书海里研究，毛泽东在读史过程中，对书中的人物、纪事、评论、评价等，不是书上怎样写的，他就怎样信，他就怎样说。而是把载有此相同内容的书都找出来，一种一种地读。前人写的，后人写的；前人的注释，后人的评论，等等，相关的书都找来读。用马克思主义的立场、观点和方法，去分析，去研究。这也是毛泽东终身践行的一种独到的读书方法。

毛泽东说过："一部'二十四史'大半是假的，所谓实录之类也大半是假的。但是，如果因为大半是假的就不读了，那就是形而上学。不读，靠什么来了解历史呢？反过来，一切信以为真，书上的每句话，都被当作证实历史的信条，那就是历史唯心论了。正确的态度是用马克思主义的立场、观点和方法，分析它，批判它。把被颠倒的历史颠倒过来。"[1]

就"二十四史"大半是假的问题，毛泽东举出了如下的理由和例证，加以说明。他曾对芦荻老师说过：一部"二十四史"，写符瑞、迷信的文字，就占了不少，各朝各代的史书里都有。像《史记·高祖本纪》和《汉书·高帝纪》里，都写了刘邦斩白蛇的故事，又写了刘邦藏身的地方，上面常有云气，这一切都是骗人的鬼话。而每一部史书，都是由继建的新王朝的臣子奉命修撰的，凡关系到本朝统治者不光彩的地方，自然不

---

[1] 芦荻：《毛泽东读"二十四史"》，《光明日报》1993年12月20日。

能写，也不敢写。如宋太祖赵匡胤本是后周的臣子，奉命北征，走到陈桥驿，竟发动兵变，篡夺了周的政权。《旧五代史》（宋臣薛居正等撰）里却说，他黄袍加身，是受将士们"擐甲将刃""拥迫南行"被迫的结果，并把这次政变解释成是"知其数而顺乎人"的正义行为。同时，封建社会有一条"为尊者讳"的伦理道德标准，凡皇帝或父亲的恶行，或是隐而不书，或是把责任推给臣下或他人。譬如，宋高宗和秦桧主和投降，实际上，主和的责任不全在秦桧，起决定作用的是幕后的高宗赵构，这在《宋史·奸臣传》的《秦桧传》里，是多少有所反映的。① 毛泽东认为，洋洋4000多万言的"二十四史"，写的差不多都是帝王将相，人民群众的生活情形、生产情形，大多是只字不提，有的写了些，也是笼统地一笔带过，目的是谈如何加强统治的问题，有的更被歪曲地写了进去，如农民反压迫、剥削的斗争，一律被骂成十恶不赦的"匪""贼""逆"。毛泽东认为，这是最不符合历史真实的假话。毛泽东这样说，这样看，这样认为，是在作了大量的调查研究之后，也就是在读了全部"二十四史"、《资治通鉴》《续资治通鉴》《纲鉴易知录》各朝纪事本末、《续通鉴纪事本末》。他说过：看完《元史》，再看《通鉴纪事本末》，而后读《续通鉴纪事本末》。除了读这些大部头的史籍之外，他还读了大量的稗官野史、各种历史通俗演义、笔记小说、札记、随笔等之后才得出来的。毛泽东在书籍、知识的宝库里调查研究很广泛、很勤奋、很下功夫，几十年不止，几十年不倦。他曾说过：历史书籍要多读，多读一本，就多了一份调查

---

① 芦荻：《毛泽东读"二十四史"》，《光明日报》1993年12月20日。

研究。他生前还对身边的工作人员说过，一定要好好地读历史，要认真地读《资治通鉴》、"二十四史"，但要用马克思主义的立场、观点和方法读，否则就读不好，弄不清历史发展的头绪。他认为，书读得多了，又有正确的立场和观点，进行分析、判断和推理，就会少失误、少上当、少受骗；就会尊重历史、维护历史，把被颠倒的历史重新颠倒过来，恢复历史的本来面目。

九 学毛泽东"贵有恒""下苦功"、"挤"和"钻"的读书毅力和勤奋刻苦读书精神

（一）"贵有恒""要振作精神,"下苦功"、要"挤"和"钻"是毛泽东一贯的读书主张

1. 主张读书学习要持之以恒

在湖南第一师范读书的时候，毛泽东曾写过这样的自励对联："贵有恒，何必三更起五更眠；最有益，只怕一日曝十日寒。"

1917年夏，毛泽东在萧子升《〈一切入一〉序》中写道："今夫百丈之台，其始则一石耳，由是而二石焉，由是而三石四石，以至于万石焉。学问亦然。今日记一事，明日悟一理，积久而成学。"[①]

2. 主张读书学习"要振作精神，下苦功学习"

1957年10月9日，毛泽东在中国共产党第八届中央委员会扩大第三次会议上的讲话中强调指出："我们要振作精神，下苦功学习。下苦功，三个字，一个叫下，一个叫苦，一个叫功，一定要振作精神，下苦功。我们现在许多同志不下苦功，有些

---

① 《毛泽东早期文稿》，湖南出版社1990年版，第82页。

同志把工作以外的剩余精力主要放在打纸牌、打麻将、跳舞这些方面，我看不好。应当把工作以外的剩余精力主要放在学习上，养成学习的习惯。"

3. 主张读书学习要"挤"和"钻"

早在1939年5月20日，毛泽东在延安在职干部教育动员大会上的讲话中针对这两个问题就说过："'没有功夫'这已成为不要学习的理论、躲懒的根据了。共产党员不学习理论是不对的，有问题就要想法子解决，这才是共产党员的真精神。在忙的中间。想一个法子，叫作'挤'，用'挤'来对付忙。好比开会的时候，人多得很，就要挤进去，才得有座位。又好比木匠师傅钉一个钉子到木头上，就可以挂衣裳了，这就是木匠向木头一'挤'，木头让了步，才成功的。自从木头让步以来，多少木头钉上钉子、把看不见的纤维细孔，'挤'出这样大的窟窿来，可见'挤'是一个好办法。我们现在工作忙得很，也可以叫它让让步，就用'挤'的法子，在每天工作、吃饭、休息中间，挤出两小时来学习，把工作向两方面挤一挤，一个往上一个往下，一定可以挤出两小时来学习的。"

"……看不懂也有一个办法，叫作'钻'，如木匠钻木头一样地'钻'进去。看不懂的东西我们不要怕，就用'钻'来对付。……非把这东西搞通不止，这样下去，一定可以把看不懂的东西变成看得懂得。"

"正面搞不通，可以从旁的方面着手，如打仗一样，顽强的敌人，正面攻不下，就用旁袭侧击，四面包围，把它孤立起来，这样就容易把它攻下。学习也是一样，正面的东西一时看不懂，

九学毛泽东"贵有恒""下苦功"、"挤"和"钻"的读书毅力和勤奋刻苦读书精神

就从旁的东西看起,先打下基础,就可以一点一点地搞通正面的东西。"

毛泽东最后总结说:"工作忙就要'挤',看不懂就要'钻',用这两个法子来对付它,学习是一定可以获胜的。"①

党的六届六中全会后,干部教育部在陕北公学大礼堂召开了学习动员会。毛泽东在这个会上讲话时号召大家:"要在工作、生产的百忙中,以挤的方法获得学习的时间,以钻的方法求得问题了解和深入"。1947年12月,中央在陕北米脂县杨家沟召开会议期间,毛泽东勉励同志们要认真学习马列主义理论。他说:"你们长期做实际工作,没有学习时间,这不要紧,没时间可以挤。我们现在钻山沟,将来要管城市。你一年读这么薄薄的一本,两年不就两本了嘛!三年不就三本了嘛!这样,十几年就可以读十几本,不就可以逐步掌握马列主义了吗?!"②

毛泽东1949年6月30日在纪念中国共产党二十八周年的文章中在说到"学经济工作"的问题时又一次强调指出:"钻进去,几个月,一年两年,三年五年,总可以学会的。"③

(二)对于读书,毛泽东自己一直就是这样做的

1. 行军、转移途中不忘读书学习

在戎马倥偬的年代中,战斗紧张时,毛泽东就充分利用行

---

① 《毛泽东文集》第2卷,人民出版社1993年版,第180—182页。
② 习仲勋:《红日照亮了陕甘高原——回忆毛主席在陕甘宁边区的伟大革命实践》,《人民日报》1978年12月20日。
③ 《毛泽东选集》第4卷,人民出版社1991年版,第1481页。

军、休整的间隙读书。早在井冈山斗争时期，就有过这样一件事：一次毛泽东带领一支队伍离开茨坪，到了五斗江。原地休息时，他便坐在一块大石头上，翻开手上拿的书全神贯注地看了起来。山区天气多变，一会儿下起毛毛细雨，战士们都戴上了斗笠，但毛泽东仍在聚精会神地看书。直到司务长给他戴上斗笠时，他才感觉到并把书收了起来。

党的六届六中全会后，党中央决定成立干部教育部。干部教育部在陕北公学大礼堂召开了学习动员会。毛泽东在这个会上讲话时号召大家："要在工作中、生产的百忙中，以挤的方法获得学习的时间，以钻的方法求得问题的了解和深入。"1947年12月，中央在延安米脂县杨家沟召开会议期间，毛泽东曾勉励同志们要认真学习马列主义理论。他说："你们长期做实际工作，没有时间学习。这不要紧，没时间可以挤。我们现在钻山沟，将来要管城市。你一年读这么薄薄的一本，两年不就两本了嘛！三年不就三本了嘛！这样，十几年就可以读十几本，不就可以逐步掌握马列主义了吗？！"他不仅这样说，而且自己带头这样做。中央机关撤离延安的时候毛泽东的书大部分被送到黄河东岸。由于转战陕北的途中还要学习，他又亲自开列书单，把一部分马列的书和哲学、军事著作从河东运回。这部分书都是他经常翻阅的。例如，恩格斯著的《反杜林论》、列宁著的《社会民主党在民主革命中的两种策略》《共产主义运动中的"左派"幼稚病》，还是1932年红军打福建漳州时收集到的。长征途中，他分外珍惜，一直带在身边，患病时躺在担架上还读马列的书。从这以后，不论转移到哪里，他就把自己爱的书、在读的书带到哪里。只要一有空隙，他就争分夺秒地读起来。

九学毛泽东"贵有恒""下苦功"、"挤"和"钻"的读书毅力和勤奋刻苦读书精神

说到毛泽东在转战陕北的行军路上手不释卷读书的事,还有这么一段至今还在陕北人民中传颂的小故事。那是1947年的夏天,在沙家店战斗之前的一次非常艰难的行军途中,天气很热,又缺少水喝。当部队来到几棵树下休息时,毛泽东在路旁一块石头上刚坐下,笑着对身旁的战士们说:"这里好,这里是'山路风来草木香'啊!"战士们不知道他说的是什么意思,就问道:"主席,这话怎么讲?"他高兴地把宋代辛弃疾的词句讲解了一遍,又简单地介绍了辛弃疾的一些事迹。然后,他挥挥手中的书,说:"光学打枪还不行,还要努力学习文化,学习革命的道理。学了文化,懂得了革命道理,人就聪明了。"说完,他自己捧起书,埋头读了起来。当时,有一个小战士不解地问:"您的学问都这么大了,行军又这样累,干啥还这样苦苦地读书?"毛泽东哈哈笑着,抚摸着战士的肩膀,亲切地说:"哈,你这个小鬼,想让我骄傲吗?我可不上你的当哟!古今中外,天文地理,知识范围那么广,你再聪明,知道的也不过有限的那么一点点。"他伸出小指头晃了晃,说:"有什么值得骄傲呢?"说到这里,他拍着战士的肩膀说:"勤学习,多看书,眼界就宽了。看看世界多么大,才懂得自己多么小。"一席话,使战士们受到深刻的教育。

2."饭可以少吃,觉也可以少睡,书可不能少读啊!"

平时,在毛泽东身边工作过的同志都知道,他老人家看起书来,常常忘记了吃饭,忘记了睡觉。多少年来,他习惯一天只吃两顿饭,特别忙的时候,常常一天只吃一顿饭。每次吃饭,总要身边的同志多次提醒,常常是饭菜端放在跟前,他还放不

下手头正在读的书。工作人员看到这种情形，心里很不安。每天总是按时把饭做好送到饭桌上，衷心地希望他能按时用餐，吃得多些。有时一顿饭常常是热了又凉，凉了又热，热上几次，他才能吃上一点。有一年的除夕，同志们都想，过年了，全国各族人民都在欢庆新春佳节，我们也把饭菜做得丰盛些，让他老人家过个好年。当工作人员把做好的饭菜端到他跟前时，看到他还在那里伏案苦读。看到这种情形，工作人员很是为难，欲叫又怕打扰他看书；不叫吧，他中午就没有吃饭。思来想去，工作人员还是鼓起勇气说："主席，请您吃点饭再看吧。"他一看，饭菜就摆在身边的茶几上，还能说什么呢？于是他端起饭来，大口大口地吃了一点。可是没等咽下最后一口饭，他又那样全神贯注地看了起来。

1949年12月，毛泽东率中国党政代表团访问苏联。到了莫斯科，各种外事活动是很紧张的。可是他还利用饭前饭后的点滴时间非常认真地阅读鲁迅的著作。有一天，外事活动后回到住地，离开饭的时间不到半小时。这时他就拿出一本鲁迅的著作，专心致志地读了起来。不一会儿，开饭的时间到了，工作人员把饭菜端放在桌上，他都顾不上吃。工作人员走到他身边，轻声催他吃饭。他说："还有一点，看完就吃。"这时，工作人员就站在他身后，亲眼看到，他用笔在书上圈圈画画，一直把二十来页书看完才吃饭。他一边吃，一边笑着对工作人员说，我就是爱读鲁迅的书，鲁迅的心和我们是相通的。我在延安，夜晚读鲁迅的书，常常忘记了睡觉。他还勉励工作人员有时间多读点鲁迅的著作。

晚年，他老人家经常是一边吃饭，一边看书。他常对身边的同志说:"饭可以少吃,觉也可以少睡,书可不能少读啊!"

毛泽东每次到一个新的地方,一般都先做两方面的调查。一是向人做调查,询问当地的政治、经济、文化及人民生活等现实情况;一是向书本做调查,了解当地的历史情况、地理沿革、文物掌故、风土人情以及古人写的有关当地的诗文。1958年3月,他首次到成都,在那里主持召开了中央工作会议。3月4日下午,一到这个蜀汉古都,他就让工作人员到当地的图书馆为他借来《四川省志》《蜀本纪》《华阳国志》,一并印发给到会的同志。据有关同志回忆,在成都,他从来没有到餐厅吃过饭。在哪里办公、看书,就在哪里吃饭。吃饭的时候,把面前的文件和书稍稍往旁边一推,端起饭来就吃,一吃完饭,马上就接着工作或看书。

3. 人书相伴,人到哪里,书就读到哪里

毛泽东出国访问、外出开会或视察工作途中,也总是千方百计地挤时间读书学习。外出前,他常常自己挑选要带的书。有时实在忙得没有时间,就亲自告诉工作人员或亲手开个书单,一带就是几箱子书。1949年出访苏联前夕,他亲手挑选了几本马列著作、唐诗宋词、中国和世界地图、鲁迅的著作以及有关苏联政治、经济的书籍。在赴莫斯科的途中,他除了批阅文件和有关的同志谈沿途各地的历史名胜及风土人情外,其余的时间都用来读书。

20世纪50年代和60年代,是毛泽东学习英语兴趣最浓的时候。他在到外地视察工作期间,无论在火车上,轮船上,飞机上随时都挤时间学习英语。1957年3月17日至20日,他先后在天津、济南、南京和上海的上千人或几千人的干部大会上作报告，讲人民内部矛盾问题。当时的工作是很紧张的，但在旅行途中他仍以很大的兴趣学习英语和阅读各种书籍。1958年9月，张治中陪同他一起外出视察工作。有一天，在行进的列车上，他正在聚精会神地看一本冶金工业的书。张治中诧异地问他：你也要钻研科技的书？毛泽东说：是呀，人的知识面要宽些。从9月10日至21日，毛泽东视察长江流域的湖北、安徽、江苏、上海、浙江等省市，沿途参观工厂、矿山、学校、农村时，每天都要乘车六七小时，途中十分辛苦，即使如此，他仍不知疲倦地学习英语。

出差到外地毛泽东总是把在北京在读的书、要读的书带到外地。每次出差到外地总要和在北京一样，卧室的床上、办公桌旁、会客室里，甚至吃饭的地方，也都摆放着各种书籍。他要求我们：在北京是怎样摆放的，到外地也怎样摆放。一有时间，他就手不释卷地看起书来。有一年夏天，毛泽东视察工作来到武汉。有一天晚上，天气异常闷热，室内外一丝风也没有，人们干坐着身上还直冒汗。可是他还像往常一样，依然坚持在灯下读书。汗水顺着脸颊往下淌，工作人员看到这种情形，急忙拿来毛巾，请他把汗擦一擦。他接过毛巾边擦汗边幽默地说：读书学习也是要付出一定的代价，留下了汗水，学到了知识。他的这种学习精神深深地教育着在他身边工作的每一个同志。

有一次，毛泽东来到杭州，睡床上、办公桌上、休息间里，甚至厕所里都放着书，乍看起来似乎有点乱，实际上哪本书放在哪儿，他心中是有数的。放着的书籍和资料，就像他的四肢一样，服从他的意志，只要需要，一伸手就可以拿到。当时的浙江省委

九学毛泽东"贵有恒""下苦功"、"挤"和"钻"的读书毅力和勤奋刻苦读书精神

的一位负责同志来到毛泽东的住地,初次看到这种情形,以为是毛泽东太忙没有时间整理,便动手整理起来。毛泽东看到后,立即加以制止。他说,书是要读的,不是装潢门面的。有些人喜欢把书锁在书橱里,实际上是不看的。我们要做工作,想抽出专门时间读书那是不多的,我到处放书,随手拿来,读上一段,多方便啊!他的这个读书习惯,一直保持到晚年。

4."把工作之外的剩余时间"几乎都用来读书

从20世纪50年代到60年代初,毛泽东有时晚上看书太疲倦了,就改练书法。他特别爱书写著名历史人物的诗作、辞赋,尤其是唐诗、宋词,他更爱书写吟诵。有一次,他一连书写了近二十首古诗词。当工作人员催他休息时,他就风趣地说:"看书是用眼睛,现在用嘴巴,这样可以使这两种神经交替休息。"

游泳是毛泽东终生爱好的一项运动。可是,就在下水前或游泳后稍稍休息的时间里,他也时常看书或学习英语。在中南海,在北戴河,在万里长江,在庐山水库,在湘江,他每次游泳几乎都是这样,下水之前要先看一会儿书,上岸后休息的很短时间里,也要看书,对于他来说,看书似乎就是最好的休息。

1954年,毛泽东已年逾花甲。11月的一天,他来到广州越秀山游泳池游泳,兴致勃勃地游了近一个小时。休息时他想读英语,便让他的秘书(兼教英语)坐在身边的藤椅上。当时这位秘书是刚来到他身边不久的一位较年轻的同志,心里难免有些紧张。毛泽东似乎看出了他的紧张心情,便和他亲切地交谈起来。毛泽东谈笑风生,神态安详,使这位秘书的紧张心情很快就平静了下来。于是他就跟着这位秘书一句一句地读起英语来。

1957年仲夏，著名的历史学家、时任全国人大常委会副委员长周谷城应毛泽东之邀，来到中南海露天游泳池和毛泽东一起游泳。上岸之后，毛泽东还没顾上换衣服，只披上一件他平时常穿的旧睡衣，就拿起线装本的《汉书》，和周谷城一起讨论起来。毛泽东翻到列传第三十九，指着赵充国主张在西北屯田的一段对周说："这个人很能坚持真理，坚持正确的主张。他的主张在开始时，赞成的人不过十分之一二，反对的人达到十分之八九。但到后来，逐渐被人接受了，赞成的人达十分之八九，反对的人却只十分之一二。真理要人接受，总要一个过程。无论在过去的历史上，或现在。"毛泽东常常是这样，用具体的历史事实来启发教育人们。这本线装大字本的史书，毛泽东看过多次，并用黑铅笔在本册封面上写了"赵充国"三个字。赵充国这一段共19页，他从头至尾都用黑铅笔圈画过，有的地方还写有批注文字。

1948年，毛泽东等中央领导同志从陕北转移来到了河北省平山县西柏坡村。有一次，毛泽东因为工作太忙，好久没理发了，行政处的同志给他找来了理发员。他见到理发员就问：理发要多长时间？理发员回答说：二十分钟。他又问十五分钟行不行？理发员说行。他接着又问十分钟行不行？理发员感到有点为难，勉强答应了。当理发员开始理的时候，毛泽东又拿起了报纸在看。十多分钟后，发理完了，报纸也差不多看了一遍。

1949年进城以后，毛泽东的工作更忙了。然而，工作千忙万忙，每天总要利用时间读点书。他有习惯性便秘，上厕所时间很长，所以如厕的时间他也不让白白地浪费掉，总是非常珍惜地用来读书。有些书刊，他就是利用如厕的时间，今天看一点，明天看一点，断断续续看完的。因为他常在如厕时看书，所以工作人员就在便池旁放了一个方凳，把他看的书放在方凳上，这种看完了，再换另一种。例如，现在保存在中南海毛泽东故居的重刻宋淳熙本《昭明文选》、章士钊送的重刻明版的《智囊》等一些大字线装书，就是他在这个时间看过的。

毛泽东到了晚年，体质日渐下降，根据他的健康状况，医护人员要他每天作半个小时的"日光浴"。于是他就给工作人员规定：作日光浴时要给他拿来当天的各种报纸和参考资料，利用这半个小时时间了解国内外大事。工作人员都知道他平时休息时间很少，大家都希望他能利用日光浴的机会静静地休息一下。因此，有几次就故意不拿报纸。当他知道工作人员的好意时，就微笑着对工作人员说：我每天工作很忙，没时间看书看报，利用这半小时的时间，看看报纸、资料，既可以增强体质，又可以了解新闻时事和国内外大事，这不是一举两得嘛！以后还是请你们多费点心，按时给我拿来吧！

5. 在生命最后的岁月里对待读书的态度

到了20世纪70年代，毛泽东由于几十年的辛苦操劳，特别是由于林彪、江青反革命集团的种种干扰和迫害，多种疾病接踵而来。就在病魔缠身的最后几年里，他老人家躺在病床上，甚至在生命进入抢救状态的时候，仍以惊人的毅力坚持学习马列著作和其他多种书籍。小字本的书看不清楚，就看大字本的。有的书刊没有大字本，他就借用放大镜阅看。

1975年7月23日，在周恩来总理的亲自关照下，经毛泽东本人同意，广安门外中医医院眼科专家唐由之医生给他做了拖延已久的白内障眼病针拨手术。手术之后，眼睛一时不能看书，他就让工作人员为他读书。没过两天，他就要求医生摘掉蒙在他眼睛上的眼罩，一只眼睛能看清楚东西了。他借助刚刚治好的那只眼睛，不停地读书。这时候他虽然能自己看书，但由于身体过于虚弱，两手已经没有举书的力量了。为了满足他读书的需要，身边的工作人员就帮他举着书。

1976年9月初，毛泽东再度病危，医护人员立即实施抢救并加强监护。医护人员通过监护器械紧张地观察血压、心律、呼吸等数据，并随时为他输氧、输液……

从9月7日到8日下午，弥留之际的毛泽东仍坚持要看文件、看书。7日这天，经过抢救刚刚苏醒过来的毛泽东示意要看一本书。由于声音微弱和吐字不清，工作人员没能明白是要哪一本书。毛泽东显得有些着急，用颤抖的手握笔写下了一个"三"字，又用手敲敲木制的床头。工作人员猜出他是想看有关日本首相三木武夫的书。三木武夫是当时日本自由民主党总裁、内阁总理大臣。他正在日本进行大选，此时病重的毛泽东仍关切地注视着他在日本大选中的情况。当把书找来时，他略微点头，露出满意的神态。在工作人员的帮助下，毛泽东只看了几分钟，就又昏迷过去。根据医疗组护理记录，当时的情况是这样的：8日这一天，毛泽东看文件、看书11次，共2小时50分钟。他是在抢救的情况下看文件看书的：上下肢插着静脉输液导管，胸部安有心电监护导线，鼻子里插着鼻饲管，文件和书是由别人用手托着。

毛泽东这种活到老，学到老，生命不息，读书不止的精神永远值得我们学习！

十学毛泽东读天下万事万物"无字之书"

(一)一生中读了"有字之书"和"无字之书"两部大书

"欲从天下国家万事万物而学之",这也是毛泽东一生在这方面中坚持的一种独特的读书方法。毛泽东生前高度重视书本知识,同时也高度重视社会自然界的实际知识。他既主张多读"有字之书",又主张多读"无字之书"。

毛泽东一生中读了两部大书:一部是"有字之书",一部是"天下国家万事万物""无字之书"。纵观他老人家一生的读书实践,就是读"有字之书"和读"无字之书"的有机结合。读"有字之书",毛泽东一生在这方面下了很大的功夫,花费了很多的时间和精力,写下了大量的读书批注,读"有字之书"达数万卷。读"无字之书",毛泽东一生中也花费了很多的时间和精力,走遍了大江南北,行走数万公里,深入机关、工厂、学校、深入农村、深入农民家中,走到哪里,读到哪里,学到哪里。留下了很多的读"无字之书"的感想和感言,写下了很多具有真知灼见的高水平调查研究文稿。他"欲从天下国家万事万物而学之",青年时代立下的志向,躬行一身,坚持不懈,几十年里,他把读"有字之书"之外的时间总是十分用心地用来读"天下""国家""万事万物"这部天大的无字之书,一生下功夫,一生不倦,留下了很多动人的故事和传说。读"无字之书",毛泽东也堪称我们共产党人的楷模。

1938年3月15日,毛泽东在抗大第三期三大队毕业典礼上,对学员们说:"社会是学校,一切在工作中学习。学习的书有两种:有字的讲义是书,社会上的一切也是书——'无字天书'。"[1]

什么叫读"无字之书"呢?就是深入社会实际、深入自然界、深入到万事万物中去观察、考察、认识、了解真实的社会实际和真实的自然界和万事万物的本来面目,下真功夫调查、研究、把握自然界之实际。社会万事万物之实际,由感性认识上升到理性认识,成为我们绘制革命、斗争、建设、发展之蓝图,制定革命、斗争、建设、发展之战略战术、方针、政策、实施方案等的重要基础和重要依据。这个读无字之书的过程,就是接触实际、认识实际、研究实际、把握实际的过程,就是由感性认识到理性认识的过程。实事求是,一切从实际出发,这是读"有字之书"和"无字之书"的总方法。

这种读书观念,在青年时代的毛泽东的头脑里就已经萌生。1913年,他在湖南第四师范读书时整理的课堂笔记《讲堂录》中,写有这样一段话:"闭门求学,其学无用。欲从天下国家万事万物而学之,则汗漫九垓,遍游四宇尚已。"[2] 毛泽东从青年时代就很重视读"无字的书"。1917年夏,他邀同学萧子升,利

---

[1]《毛泽东年谱(1893—1949)》中卷,中央文献出版社2002年版,第55页。
[2]《毛泽东早期文稿》,湖南出版社1995年版,第587页。

用暑假，以"游学"方式，游历了湖南长沙、宁乡、益阳、沅江、安乡五县农村，广泛了解农村农民生活。1918年夏，又和蔡和森到湖南益阳、沅江、岳阳、汉寿等县农村进行半个多月的社会考察。1920年毛泽东成为一个马克思主义者之后，他更加注意经常走向社会，深入实际，走进工农群众之中。他把社会实际和奇妙无限的自然界作为学无止境的人生大课堂。后来，他还在许多讲话和谈话中，联系古今中外的历史事实，反复说明一个道理：一个人光有书本知识是不行的，一定要投身到社会实际生活中去学习实际的知识。他认为这是最丰富最生动最有用的人生永远学不完的知识。

青年时代，毛泽东就非常重视读"无字之书"，做了大量的社会调查，在深入的社会调查中，进一步了解中国当时的社会历史和现状，这对他后来将马克思主义普遍原理同中国革命实际相结合，解决当时中国人民革命斗争中的实际问题，起到了重要的作用。

（二）重视调查研究，重视读"无字之书"

说到毛泽东读"无字之书"，深入社会实际开展调查研究之事，中央文献研究室原主任逄先知曾写过这样一段记述："在大革命时期，他通过调查研究，对中国社会各阶级的历史和现状作出了科学分析。在井冈山时期，通过农村调查，制定了井冈山土地法。30年代初，通过寻乌调查，比较系统地了解了城镇商业、地主、富农的情况，提出一些解决富农问题的政策。通过兴国调查，得出关于中国农村土地占有情况的基本概念，解决了贫农、雇农的问题。通过一系列农村调查，逐步形成了一套解决农村土地问题的正确政策。他还做了其他方面的一些调查，包括革命根据地的政权、经济、文化和教育等。在社会主义建设时期，他的调查研究做得少了，但是为了寻找一条适合中国实际国情的建设社会主义的道路，他曾用了一个半月的时间，做了一次系统的经济问题调查，写出《论十大关系》。60年代初，为了纠正工作中的错误，解决经济困难问题，亲自组织调查组，分赴浙江、湖南、广东做农村调查。在这个基础上，于1961年3月召开广州会议，主持制定农村人民公社工作条例，为继续扭转困难局面，恢复和发展农业生产，起了重大作用。"①

就是在上文中说到的这次广州会议上，毛泽东还给大家讲了一段他在作战中间读"无字之书"做实地调查、考察的事。他说："我的经验历来如此，凡是忧愁没有办法的时候，就去调查研究，一经调查研究，办法就出来了，问题就解决了。打仗也是这样，凡是没有办法的时候，就去调查研究。在第二次反'围剿'的时候，兵少觉得很不好办，开头不了解情况，每天忧愁。我跟彭德怀两个人到白云山上跑了一天，察看地形，看了很多地方。我对彭德怀说，红一军团的四军、三军打正面，打两路，你的三军团全部打包抄，敌人一定会垮下去。如果不去看呢？就每天忧愁，就不知道如何打法。"②

这里，毛泽东好像是在讲故事，实际上，他是通过这个故

---

① 《毛泽东的读书生活》，中央文献出版社2003年版，第280—281页。
② 《毛泽东文集》第8卷，人民出版社1999年版，第261页。

事阐明他读"无字之书"的重要性。毛泽东重视调查研究,重视读"无字之书"。有一次毛泽东在总结他做调查研究的经验的时候曾这样说过:用马克思主义的基本观点,做周密的调查,是了解情况的最基本的方法。他认为:"只有这样,才能使我们具有对中国社会问题的最基础的知识。"毛泽东还说,他用开调查会的方法得到了"很大的益处,这是比较什么大学还要高明的学校"。深入农村调查研究,读无字之书,毛泽东体会感触很深。他说:"没有满腔的热忱,没有眼睛向下的决心,没有求知的渴望,没有放下臭架子、甘当小学生的精神,是一定不能做,也一定做不好的。"对如何深入实际读无字之书,毛泽东强调说:必须明白:群众是真正的英雄,而我们自己则往往是幼稚可笑的,不了解这一点,就不能得到起码的知识。[①]

　　纵观毛泽东的一生,他从读"有字之书"中获得了很多的知识是无疑的。但也毋庸置疑,他也有很多的知识是从读"无字之书"中获得的。1936年12月,毛泽东说过:读书是学习,使用也是学习,而且是更重要的学习。从战争中学习战争——这是我们的主要方法。没有进学校机会的人,仍然可以学习战争,就是从战争中学习。革命战争是民众的事,常常不是先学好了再干,而是干起来再学习,干就是学习。这是毛泽东重视读"无字之书"的重要体会之一,也是他重视读"无字之书"的一条重要经验。毛泽东后来成为中国历史上一位伟大的军事家,并不是因为他读了多少有字的兵书兵法,更不像有的人说的那样,毛泽东指挥打仗是靠《孙子兵法》,靠《三国演义》。

[①] 《毛泽东选集》第3卷,人民出版社1991年版,第789—790页。

而主要的是靠读"无字之书","从战争中学习战争"。对于这一点,毛泽东自己曾这样说过:"我搞过国民革命军政治部的宣传工作,在农民运动讲习所也讲过打仗的重要,可就是从来没有想到自己去搞军事,要去打仗。后来自己带人打起仗来,上了井冈山。在井冈山上先打了个小胜仗,接着又打了两个大败仗。于是总结经验,总结了十六个字的打游击的经验:'敌进我退,敌驻我扰,敌疲我打,敌退我追'。"①

说到读兵书的事,笔者在这里再介绍两条毛泽东的读书批注,也是两条毛泽东读兵书的主张:一条是主张"少读";二条是主张"略通"。先说"少读"的批注:毛泽东读《新五代史》卷二十二《刘䫘传》第4—5页时:"是时,庄宗在魏,数以劲兵压䫘营,䫘不肯出,而末帝又数促䫘,使出战。庄宗与诸将谋曰:'刘䫘学《六韬》,喜以机变用兵,本欲示弱以袭我,今其见迫,必求速战。'乃声言归太原,命符存审守魏,阳为西归,而潜兵贝州。䫘果报末帝曰:'晋王西归,魏无备,可击。'乃以兵万人攻魏城东。庄宗自贝州返,趋击之。䫘忽见晋军,惊曰:'晋王在此邪!'兵稍却,追至故元城,庄宗与符存审为两方阵夹之。䫘为圆阵以御。晋人兵再后,䫘大败,南奔,自黎阳济河,保滑州。"读了这段文字后,毛泽东写的批语是:"兵书多坏事,少读为佳。"毛泽东认为:刘䫘熟读《六韬》兵书,但缺乏对当时战场实际情况的了解,死用兵书,结果大败。所以,对兵书,毛泽东主张"少读为佳"。第二条批注,是在读《新五代史》卷三十二《刘仁赡传》第4页:"仁赡字守惠,彭

---

① 《毛泽东文集》第8卷,人民出版社1999年版,第392—393页。

城人也。父金，事杨行密，为濠、滁二州刺史，以骁勇知名。仁赡为将，轻财重士，法令严肃，少略通兵书。事南唐，为左监门卫将军、黄袁二州刺史，所至称治。"毛泽东读完这段文字，在"少略通兵书"旁写下批注："略通可以，多则无益有益。"这两条批注，都认为对有字"兵书多坏事""多则无益有害"，对有字兵书，毛泽东主张"少读"和"略通"。他是这样主张的，他自己实际上也是这样做的。毛泽东生前读过两种兵书：一种是孙子著的《孙子兵法》，一种是《战争论》。这两种兵书，毛泽东都读过，但都没有写批注文字，也没有像读马列著作、读哲学著作、读经济学著、读历史著作等那样下过很多功夫，也没有什么圈画的痕迹。只能算是"少读""略通"。对兵书要少读，要略通，更为重要的是在"少读""略通"的基础上要多读"无字之书"，多深入实际、把握实际，书本知识即"有字之书"一定要与"无字之书"——即社会实际相结合，才能更好地发挥"有字之书"的作用。毛泽东之所以能成为中国现代史上令人钦佩的一位伟大的军事家，不是因为他熟读了多少兵书，而是因为在中国人民长期的革命战争的实践中，不懈地读"无字之书"，不懈地深入实际，不懈地研究实际，不懈地总结实际经验。他之所以能够领导全中国人民夺取革命战争的一个又一个的伟大胜利，最主要的是他科学地运用马克思主义的军事思想与中国的实际相结合，把"有字之书"理论和知识科学地运用于中国人民革命斗争的实际，在长期的领导中国人民革命斗争的实践中不断总结、丰富、发展领导革命战争的实际经验，逐步地认识和把握了人民战争的规律。笔者认为，毛泽东的军事思想和伟大的军事才能不是他生来就有的，而是在他长期的读中国人民革命战争"无字之书"的实践中，不断地总结、形成、丰富、完善起来的。最主要的方法是"从战争学习战争"。对于这一点，毛泽东自己也曾说过："我们的民主革命搞的时间很长，从一九二一年到一九四九年，他一共二十八年。二十八年中间，我们走过很多曲折的道路，……吃过很多苦头，死了多少人，牺牲了多少革命的人民，牺牲了多少党员和干部。我们才逐步学会如何处理党内关系，如何处理党跟非党人员的关系，如何搞统一战线，如何搞群众路线，等等。这就是说，我们有了经验，才能写出一些文章。比如我的那些文章（《中国革命战争的战略问题》《论持久战》等——笔者注），不经过北伐战争、土地革命战争和抗日战争，是不可能写出来的，因为没有经验。"

毛泽东认为，社会和自然界是一个大学校，那里面的东西——无字的书，多得很，学之不尽，取之不竭。他说："孙中山先生也是一样。当他在学校里的时候，并没有三民主义。大家知道他是学医学的，他的三民主义是出了学校之后才有的。而且孙中山先生的三民主义，也不是一下子就有的，开始只是一民主义，后来有了二民主义，最后他到欧洲去跑了一次，看见欧洲发生了社会问题，工人要打倒资本家等等情形，他又想了一个民生主义出来，这样才集合成为三民主义的。"毛泽东还说："至于外国，有马克思，他在学校里并没有学马克思主义，学的是唯心论。后来他在学校外面学到的马克思主义。"[1]

1957年3月12日，毛泽东在《在中国共产党全国宣传工作

---

[1] 《毛泽东文集》第2卷，人民出版社1993年版，第183页。

会议上的讲话》中强调指出:"学习马克思主义,不但要从书本上学,主要地还要通过阶级斗争、工作实践和接近工农群众,才能真正学到。如果我们的知识分子读了一些马克思主义的书,又在同工农群众的接近中,在自己的工作实践中有所了解,那末,我们大家就有了共同的语言,不仅有爱国主义方面的共同语言、社会主义制度方面的共同语言,而且还可以有共产主义世界观方面的共同语言。如果这样,大家的工作就一定会做得好得多。"

我们知道,毛泽东不仅自己重视读"无字之书",而且对我国历史上两位杰出的历史人物跋山涉水,历经艰辛读社会和自然界"无字之书"推崇备至。一位是明代的徐霞客,一位是《水经注》作者北魏的郦道元。1958年1月28日,毛泽东在最高国务会议上的讲话中说:明朝那个江苏人,写《徐霞客游记》的,那个人没有官气,他跑了那么多路,找出了金沙江是长江的发源。"岷山导江",这是经书上讲的,他说这是错误的,他说是"金沙江导江"。同时,我看《水经注》作者也是一位了不起的人。他不到处跑怎么能写得那么好?这不仅是科学作品,也是文学作品。毛泽东之所以如此称赞这两位历史名人,一方面是因为他们的著作写得好,永载史册,是很有阅读价值的历史地理文献;另一方面是他们不怕困难,不辞辛苦读"无字之书"的实践和精神。他们在那样的社会、那样的条件下亲身游历在大江大河之畔、行走在高山峻岭之中,边走边读"有字之书",又十分用心读"无字之书"。从"无字之书"中获得了大量的"有字之书"上没有的东西,用他们从"无字之书"中的新发现来修正、补充、完善"有字之书"。这是毛泽东最为赞赏的。徐霞客 22 岁出游,历经 30 个春夏秋冬,足迹遍布 16 个省区,对祖国的江河源流、山川地貌、地理沿革、动植物种类、风土民情、矿产资源、民俗文化,等等,作了大量的实地调查、考察。一本《徐霞客游记》凝结作者 30 多年的艰辛和精神,特别是发现金沙江是长江的源流,否定了《禹贡》的"岷山导江"的历史定论,这是数百年来的第一人。徐霞客这种追求真理的精神,毛泽东曾给予很高评价并深深地记在他的心里。

(三)一生心系读母亲河——长江、黄河"无字之书"

不知是受郦道元、徐霞客游历实践和精神的启示呢,还是读"无字之书"心情的激励呢,毛泽东一直有考察长江和黄河的念头。长江和黄河多年来一直在毛泽东胸间和心里流淌,他曾朝思暮想依恋着长江、眷念着黄河。据记载,毛泽东 63 岁时首次横渡长江,73 岁时又渡长江。我们知道,他老人家先后在长江里畅游过 17 次之多。他喜欢滔滔长江水,喜欢长江水深激流,喜欢躺在辽阔的江面上极目楚天舒。他从心里赞美长江,赞美只争朝夕滚滚不息东流的长江水!

毛泽东读祖国的母亲河——黄河这部"无字之书"更是情有独钟。毛泽东生前曾多次对身边的工作人员说:"你们可以藐视一切,但是不能藐视黄河。"毛泽东对黄河为什么这样情深意长呢?为什么一直心系黄河呢?这是因为在毛泽东的心中,黄河不仅仅是一条河,而是和他与中国人民是同种同宗的患难兄弟。他们在一起吃苦,一起抗日,一起打国民党蒋介石。从 20 世纪 50 年代后期,毛泽东常对身边的工作人员讲黄河的事,直到70年初，在这十几年当中，他老人家一次又一次有近十次谈起黄河的事。1959年12月26日，这一天正好是毛泽东的生日。毛泽东与身边工作人员谈话中谈到转战陕北的事，很自然说到了黄河。毛泽东说："延安我是一定要回来的，也一定要打败胡宗南，不打败胡宗南决不过黄河。"

"当时刘戡的部队一直追我们追到了黄河边，可惜呀，我只老远看了一眼黄河。这条河与我共过患难，拯救过中华民族的危急。我们是结下了美满姻缘的。"

"1947年10月，我在黄河边搞农村调查，住在佳县的神泉堡，这个县城在高高的山顶上。我有时上山从那里看黄河。黄河真是我们民族的骄傲。它壮观的很哩，汹涌澎湃，从我脚下流过。有时我沿山间小路走，一直下到河边。每次看黄河回来心里就不好受。因为我没治好它身上的千疮百孔啊。我还没驯服黄河，让它造福人民。我欠了黄河的情喽。"

"1948年3月宜川大捷，我们打败了胡宗南。我们行军到川口，要从这里过黄河。水流急得很，还有冰块哩。我这次没能到激流中去试一试水。面对咆哮的黄河，我是坐渡船过去的，不是游过去的，可惜呀。"

1962年夏天的一个傍晚，毛泽东在中南海丰泽园菊香书屋的办公桌上写字，一边写一边念："黄河之水天上来，奔流到海不复回。"反复写，反复念，仿佛从中读出点什么似的。

"我怎么能忘了黄河呢？""1952年我去视察了黄河，可是工作忙，只走马观花地看了看，没干成什么事。一晃十年过去了。"

1964年夏天在北戴河的时候，已年过古稀的毛泽东一天下午游泳回来，吃完了晚饭，他说："我想去黄河"，"我想搞点科学研究，再不搞就来不及了。我要带一个智囊团去。这里面包括有天文、地理、历史、气象、土壤、地质、化学、肥料、水利、电力等等一批专家，要像李四光这一级的专家。他们是大有用武之地的。我们大家都骑马去。我们要沿着黄河走，逆流而上，去寻找黄河的源头。把这条河从头了解起，让它能更好地为我们的民族造福。"为了实现这个想法，他在北戴河一边工作一边休息时，特地带了一匹军马，有空便练习骑马。到了8月初，国际形势突然发生变化，8月5日美国悍然轰炸越南北方，走上了扩大越南战争的危险道路。8月6日，中国政府发表声明，对美国的侵略行径提出警告。毛泽东在当天审阅这个声明稿时写下批示："要打仗了，我的行动得重新考虑。"①

直到1972年大病初愈的毛泽东还说："去黄河还是有希望的。"②

毛泽东苦恋了大半辈子的是黄河，一生未了的情缘是黄河，终身没有读完的一本无字的大书也是黄河。是的，黄河这本无字的大书，毛泽东一生欲读而没有读完，但通过上面的介绍，我们可以看到，一个年近八旬的老人还那样地无所畏惧，不顾重病在身，还那样执着地追求一个他日夜思念的要为中国人民造福的美好目标；还那样执着地追求实际知识、在广阔天地里读"无字之书"强烈愿望，人虽老了，却雄心犹在，这是令人景仰的！

---

① 见《毛泽东传（1949—1976）》（下），中央文献出版社2003年版，第1349页。

② 参见吴旭君：《毛主席的心事》一文，《缅怀毛泽东》（下），中央文献出版社1993年版，第651—659页。

生命不息，夜以继日读"有字之书"不止；耄耋之年，重病缠身，读天下万事万物、读长江、读黄河"无字之书"雄心犹在。既要读"有字之书"，又要读"无字之书"；读不倦的"有字之书"，没读完的"无字之书"，这就是还一直活在我们心中的伟大领袖毛泽东。

　　如果说，毛泽东人生有什么遗憾的话，没读完的"无字之书"黄河，应当算是遗憾之一了。

后　　记

　　读书学习，毛泽东是全党和各级领导干部的典范。也是笔者心中最为折服的一位终身酷爱读书的领袖。因为笔者曾为他直接做过图书服务工作，基于此，本人对毛泽东的读书生活、具体读书的情况有所了解。随着时间的推移和服务工作的深入进行，特别是后来有机会看到他生前阅读批注圈画过的一本本书籍的时候，对毛主席博览群书，带病读书，废寝忘食读书、夜以继日读书，一生不懈读书，及其勤奋刻苦精神、顽强的读书毅力更加敬佩。笔者脑海里多次呈现出：如果我们的干部，我们的党员，都能像毛主席那样读书求知，都能像毛主席那样学习运用，我们党的思想理论水平、领导谋略才能、工作作风和工作精神都将会大大地提高，我们为人民服务的各项事业就会更加蓬勃发展。要像毛主席学习读书，到底学习什么呢？长时间的愿望，长时间的思考，长时间的努力，今天终于初步有了结果：《像毛泽东那样读书》。多年的心愿终于如愿了，欣慰的心情自然无以言表。

　　读书学习是毛泽东人生实践的一个重要组成部分，是毛泽东几十年里全心全意为我国各族人民谋利造福，密切

后　记

联系我国革命斗争和新中国社会主义建设的实际，不懈地追求，不懈地读书，不懈地奋斗的历史记录。毛泽东的一生是读书学习的一生，也是把在读书学习实践中逐步形成的独特的思想及其独有的精神、品质、修养与其读书学习生活实践有机有效融合的一生。这是毛泽东留给中国共产党人一份无比珍贵的关于读书治学的精神财富。

毛泽东是我国各族人民心中最伟大的领袖。他的伟大功绩和光辉业绩已经载入中国人民革命斗争的史册，刻印在全国人民的心中。这本书，仅是笔者就读书学习这个角度表达自己心中真实的想法感受。毛泽东值得我们学习的地方有很多很多。本书只从读书学习这个角度，概括为学习毛泽东十个方面。就是读书学习方面，也远远不止这十个方面。毛泽东读书学习生活是毛泽东本人用几十年人生追求、奋斗的岁月、一生的智慧和无限的心血凝聚成的一座丰碑。他的思想、理念、观点、主张，他的读书生活、实践、思考、行动，他的读书内容的选择、种类、范围，他的读书学习的实践和具体的方法、做法，他勤奋刻苦的读书精神、顽强毅力、追求心态的内容涉及方方面面。本书中归纳的这十个方面，这样写、这样概括目前还是第一次。《像毛泽东那样读书》，也是笔者第一次提出。这仅是笔者个人之见，定有不妥、不当之处，敬请广大读者批评指正。

本书的撰写，是我的助理和团队几位工作人员共同努力完成的。江苏中远助学帮老基金会办公室的同志帮助做了许多的整理工作。本书撰写过程中，参考、引用了曾在毛主席身边工作过的同志写的回忆文章和一些专家学者的研究成果。中共中央党校出版社领导同志很重视、很支持本书的出版，编辑同志为本书的编辑出版做了很多具体细致的工作，在此一并表示衷心的感谢。

徐中远
2018年岁末于北京